# 50歳からの幸福論

佐々木常夫

はじめに

# 「五十代の危機」をチャンスに変えよう

「吾、五十にして天命を知る」

人間五十にもなれば、自分が今世で何をなすべきかがわかるようになる。

そんな意味を表す『論語』の言葉ですが、残念ながら、現代の五十代ではとてもこんな境地には至りません。

むしろ、今の五十代は悩み戸惑うことのほうが多いのではないでしょうか。

仕事では、人事評価や転職に対する不安、組織を担う責任感の重圧などから、「今のままでいいのか」「これまでのように働けるのだろうか」といった焦りや葛藤が生まれます。

プライベートでも、親の病気や介護、成人にさしかかる子どもの問題、自らの健康不調など、精神的にも経済的にも、忍耐を強いられることが増えてきます。

五十代は、それまでに築き上げてきたものに揺さぶりをかけられる「試練の時期」と言えるかもしれません。

私も、五十代後半で大きな試練を経験しました。

当時私は、肝臓病で入退院をくり返す妻の看護と、自閉症の長男の世話をこなしながら、五十二歳で東レの繊維企画管理部長に、五十七歳で取締役に就任と、ビジネスマンの最後の胸突き八丁を必死に歩んでいました。

三十九歳で課長になって以来、私は自分なりの目標を持ち、いつかは「自分の手でこの会社をもっと活力あふれる組織にしたい」と考えるようになりました。このミッションを果たすには、もっと上を目指さなければならない。当時の私は少し大それた夢を持っていたのです。

ところが、そんな私に思いもよらぬ出来事が起こります。

障害がある長男のことと、長期にわたる病気生活のストレスによってうつ病を併発した妻が、手首を切って自殺未遂を図ったのです。

七時間にも及ぶ大手術の末、妻は何とか一命を取り留めましたが、私は「なんでこんなことになってしまったのか」「なぜこんな目に遭わなければいけないのか」と惨めな気持ちでいっぱいでした。

自分で言うのもなんですが、当時の私は周囲の人たちからそれなりの評価を受けていましたし、同期ではトップで役員にもなっていました。ゆくゆくは専務か副社長あたりまでは、目指せるのではないかと思っていました。

そんな自分がなぜ？……妻の自殺未遂という現実に、私はこれまでにない挫折感を味わっていました。

しかも、さらに追い打ちをかけるかのように、会社からは左遷人事が言い渡されます。取締役を解任され、子会社である東レ経営研究所への辞令が出たのです。

「……私のビジネスマン人生は終わったな」

私の五十代は、こんなかたちで終わりを迎えようとしていました。

三十年以上もかけて積み重ねてきたキャリアも、会社を強くしたいというミッションも、何もかも水泡に帰した……本社から外されたことで、私は失意のどん底に放り込まれてしまったのです。

しかし、このどん底から、予期せぬ出来事が起こり始めます。

一つ目は、長年に亘る妻の病が改善の兆しを見せ始めたことです。

自殺未遂から一命を取り留めた直後、妻は弱々しい声でこうつぶやきました。

「お父さん、ごめんな。迷惑ばかりかけて」

この一言で、私は自分の考えが間違っていたことを思い知らされました。

そもそも一番辛い思いをしているのは、長年病気に苦しめられてきた妻です。そのことを慮り、閑職に回してもらうよう会社に申し出てでも、妻のそばにいてやるべきだったのに、私は「家庭も仕事も完璧にこなす自分」に酔い、心のどこかで家族を見下していたのです。

そんな自分の身勝手を反省し、できる限り妻に寄り添うよう心がけると、妻の容態はしだいに快方に向かいました。そして妻が元気になるに従い、家族も元の明るさを取り戻していきました。

結局、私は妻の自殺未遂によって自分の思い上がりを正され、左遷されたおかげで妻の回復の手助けをすることができたのです。

もし仮に、左遷もされずこのまま出世レースを走り続けていたら、私は家族を苦しめていることに気づかないまま、人間として、リーダーとして失格ともいえる人間になっていたかもしれません。皮肉なことですが、私は出世を断たれたことで、人として正しい道を歩むことができたのです。

二つ目は、本を出版する機会を得たことです。

私は物書きになろうと思ったことも本を出したいと思ったことも、これまで一度もありませんでした。最初に出した本も、じつは出版を目的に書いたわけではありません。自分自身の記録として書き残すことが目的だったのです。

何しろ私は自他ともに認める「メモ魔」です。「書くと覚える、覚えると使う、使うと身に付く」と考えていましたので、大事だと思ったことは何でもすぐに記録する習慣がありました。

その結果、私の手元には長年にわたって記録し続けてきた膨大な量のノートや手帳が残されました。自分の経験から得た知見、思いついたアイデアやノウハウ、読書や映画鑑賞で印象に残った言葉やセリフなど、私が三十年以上を費やして獲得したすべてが、ノートや手帳のなかに収められていたのです。

これらをもとに、自分なりの仕事術をまとめて文章化しておきたいといった気持ちをずっと持っていました。そんな時、私のことが週刊誌の「AERA」に載ったことがきっかけで出版社の社長から「本を出してみないか」というお誘いを受けたのです。

それを機に私は次々に本を出し、四冊目に上梓した『働く君に贈る25の言葉』(WAVE出版)という本が四〇万部を超えるベストセラーになると、読者のみなさんから多くの反響をいただくようになりました。

「感動しました」「勇気がわいてきました」「何度も読み返して泣きました」

そんな感想を目の当たりにした時、私は自分の書いたものを人様に読んでもらえる有り難さと、自分の経験が他人の役に立っていることにこのうえない悦びを覚えました。「私が本当にやりたかったことはこういうことだったのかもしれない」とさえ思ったのです。

これも、私が本社から外され子会社に左遷(させん)されたからこそ叶えられたことです。出世レースから外れたおかげで時間を確保することができ、時間を確保できたからこそ本を書くことができ、本を書くことに出会えたからこそ、新たなミッションを発見することができたのです。


五十代で経験したこの「挫折(ざせつ)と再起」によって、私は人生において五十代という時期がいかに重要かということを痛感しました。

四十代までに積み重ねたキャリアをどう生かせばいいのか。

親や家族も考え含めて、より充実したシニアライフを送るにはどのように人生設計をすればいいのか。

人生の大きな節目ともいうべき五十代において、具体的に何を考え、何を準備し、何を実践すればいいのか。

私は本書を通じて、五十代を迎え、その時代特有の悩みや戸惑いを抱えるみなさんに、私自身の経験から得た「五十歳からの心構え」をお伝えしたいと思います。

この本を手にしたみなさんのなかには、五十代後半の頃の私のように、深い挫折感や無力感に苛(さいな)まれている人もいるかもしれません。

精一杯やってきた。それなりの成果も上げてきた。組織にも貢献してきた。

不満があるわけじゃない。誰かを責めたいわけでもない。

だけど、このままじゃ終われない。

何かやり残したことがあるような気がしてならない。

それを取り戻さない限り、自分らしい人生を歩むことはできない。

そんな秘めたる執念をお持ちの方も少なくないのではないでしょうか。

また、もしかすると三十代、四十代の働き盛りの方がこの本を手にしているかもしれません。今の時代は、私が若かった頃に比べて、遥かに先の見えない時代になりました。終身雇用制はもはや崩壊し、九割の人が課長になれない時代、とも言われています。そんな時代の不安に駆られている人は少なくないのではないでしょうか。

この本は、そんなみなさんを支援する、いわば応援歌ともいう本です。

五十代で訪れる不安や焦(あせ)りを迎え撃ち、もう一度自分自身を奮い立たせるために、どうか本書を役立てて下さい。そして、次のステージに進むためにも、自分が今世で何をなすべきか、「天命」をつかみ取って下さい。

私が本を書くことで自らの人生を取り戻したように、みなさんも、みなさんらしいやり方で、どこかに置き去りにしてきてしまった思いを取り戻してほしいと思います。

この本を手に、五十歳からのリ・スタートをしましょう。

目次

# 50歳からの幸福論

## 第1章　これまでの仕事人生を棚卸しする

## 第2章 「仕事」から「人間関係」に軸足を移す

## 第3章　「戦略的なライフスタイル」を試みる

## 第4章 百歳に向かって「夢」を持つ

# 第1章

# これまでの仕事人生を棚卸しする

## 「仕事を楽しむ境地」を経験できているか

私は、五十代は「人生の折り返し地点」だと考えています。

一般的に、人は二十歳くらいまで学校で勉強して、それから社会に出て働き始めます。二十歳から三十年働くと五十歳。人生八十年だとすれば、五十歳から八十歳まで約三十年生きることになります。そう考えると、五十歳あたりがちょうどまん中です。五十代が人生の折り返し地点、ということになるわけです。

といっても、その時期が具体的にいつなのか、五十代のどのあたりなのかは人それぞれです。私の場合は、五十代半ば過ぎに大きな転機が訪れました。事務系同期でトップで取締役に就任した直後のことです。

当時私は、肝硬変とうつ病を患った妻の看護や自閉症の長男の世話をこなしながら、それまで以上に多忙な日々を送っていました。折しも会社の業績が悪化の一途をたどり、危機を感じた経営トップが、役員をあげての経営改革に乗り出した時期です。休日返上で働く日々が続きましたが、かつて私が提案し、時期尚早としてはねのけられた改革案に類似のプランが策定されたことで、営業利益は劇的に改善していきました。「わが意を得たり」という思いもあり、このまま昇進し、少なくとも専務くらいまではいくのではないかと考えていました。

ところがそんな矢先、まさかの子会社転出の辞令を言い渡されます。

わずか二年で取締役を外され、関係会社である東レ経営研究所の社長になったのです。この会社は、調査研究と人材開発を事業の柱とするそれなりに実績のある会社でしたが、社員三〇人ほどの小さな会社ですし、いわば左遷です。あまりにも意外な人事に愕然としました。周囲の人たちも驚きを隠せない様子でした。

しかし、こうした左遷で職場環境が変わったことから二つのメリットが生まれます。一つは、業務コントロールがしやすくなったことです。会社のトップですから、大事な会議やイベントのスケジュールなどを自分の都合に合わせて柔軟に決められますし、仕事のやり方も自分流に効率的にできます。そのおかげで、長男や妻のことで何かが起きても何とかやりくりして対応できるようになり、わが家の状況は大きく回復していきました。

二つ目は、自分の人生をじっくりと振り返る時間を持てたことです。現在、物書きをしていられるのも、時間に余裕が生まれたからです。これまでの生き方や働き方を振り返ることで「何かを書き残したい」という気持ちが強くなり、その思いが人生初の著書『ビッグツリー』(WAVE出版)の原稿を書く原動力になったのです。

子会社への辞令という転機がなければ、私は人生を振り返る機会を逸したまま、会社と家族のあいだを汲々とし続ける、忙しいだけの会社人間で終わっていたかもしれません。逆境が自分を高めるチャンスになり、その後の人生の糧をもたらしてくれた。まさに「禍福はあざなえる縄のごとし」です。

転機がどのように訪れるのか、人生をシフトさせるきっかけは人によってさまざまだと思います。でも、ひとつ確実に言えるのは、転機を上手に生かすには、常日頃から志を持って全力で事に当たる姿勢が欠かせないということです。「偶然は準備のできていない人を助けない」のです。私自身、大なり小なり、ビジネスをするうえで何度も試行錯誤を重ね、全力で仕事に取り組んできました。

重要な顧客の仕事がとれた、仲間とともに練り上げた事業計画を会議で通すことができた、設備投資の発案が認められて海外に工場を造った、事業の改革によって投資した以上の金額を何とか回収することができた……私もかつては、そんな一山を越えるたび、「バンザーイ、バンザーイ」と大喜びして仲間と飲みにいったりしたものです。これこそサラリーマンの醍醐味、仕事が楽しいと実感できる瞬間です。お金や地位では計れない「仕事を楽しむ境地」を経験したと言ってもいいでしょう。

仕事を楽しむ境地を経験すると、仕事や働くことに対する自分なりのスタンスが身に付きます。自分なりのスタンスが身に付けば、どんな状況に対してもぶれなくなり、長い目でものを見る力も養われていきます。

そして、会社がどうであれ、部下がどうであれ、自分自身の信念に従って、自然体で仕事の舵取りができるようになります。目標を持ってさらに上を目指すのも大切ですが、五十代は「自然体でしなやかに」、そんな働き方が理想的なのではないかと思います。

中間管理職のなかには「トップが悪い」「経営に問題がある」と不満をこぼす人も少なくありませんが、不満があるなら、せめて自分の課やチームだけでも変革することを考えるべきです。当事者意識を持って、万難を排してアクションを起こす。それなりの経験値と「仕事を楽しむ境地」を知っているあなたなら、きっとやり遂げることができるはずです。

自分の仕事は、トップのものではなく自分のもの。自分の仕事を充実させるのは、ほかでもない自分自身です。

そのことを、今一度考えてみてほしいと思います。

## 「いいところを見せたい」を捨てる

りっぱな学歴や、人から一目置かれるような職歴がなければ周囲からの尊敬は得られない。五十を越えた社会人が、欠点や弱みを他人に見せるのは恥ずかしいこと……そう思っている人は少なくないのではないでしょうか。

人間誰しも「いいところを見せたい」と思うもの、その気持ちはよくわかります。でも、真に仕事ができる「本物」は実態を隠したりしません。バカにされそうなこと、眉をひそめられそうなことも平気でさらけ出します。

例えば、「お、ねだん以上。」で有名な家具・家庭用品販売会社ニトリの似鳥昭雄社長。「他社より五年先を行く」経営を掲げ、不況のなか増収増益を達成する敏腕経営者ですが、彼は新聞や週刊誌取材のインタビューに応えて、自分のダメな部分を赤裸々に語っています。

「勉強がからっきしできず、クラスで一人だけ漢字で名前を書けなかった」「極度のあがり症でうまく接客ができなかった」「今も飲み過ぎるし、遊び好き。何もできないから他人の力を借りるしかなかった」

イメージダウンにつながりかねない自分の欠点を人前で堂々と話す。そういうことはとても勇気のいることですし、相当自分に自信がなければできないことだと思います。でも逆に言えば、成功をおさめている人でもじつは多くの欠点を抱えていて、それを乗り越えるために必死に努力し、数々の苦労を重ねてきたからこそ今がある、ということでもあります。

かの「ホンダ」を立ち上げた本田宗一郎（ほんだそういちろう）氏もしかりです。彼は、リーダーの特長ともいうべき沈着冷静さ、強い自制心とはほど遠い人でした。「悪ガキがそのまま大人になった」ような面をもつ経営者で、感情がほとばしり出ると部下に手が出てしまうこともあったといいます。

「所詮人間は私利私欲、好き嫌いのある弱い存在。自分だって儲けたいし、女房に隠れて遊びたいと思う普通の男。人に好かれたいという感情も人一倍強い」

このような本音を言える経営者はそうそういません。たいていの経営者は「有名大学を出た」「トップクラスの成績をおさめた」「こんな成功をした」と格が上がるような自慢話を語り、順風満帆（じゅんぷうまんぱん）をアピールしたがります。でも、失敗もせず順風満帆でやってきたというのは方便です。「功なり名を遂げたから、みっともないことは言わないでおこう」というだけの話で、実際には数えきれないほどのミスや失敗を重ねているはずなのです。

　私自身も、かつては自分の弱い部分を見せることを躊躇（ちゅうちょ）していました。三十九歳で課長に就任した当時、三人の子どもたちの世話と肝炎を患った妻の看病のため、毎日一八時には退社しなければなりませんでしたが、「仕事より家庭を優先するなんて恥ずかしい」「会社に知られたらマイナスになる」と思い、なかなか言い出せずにいたのです。

　でも、毎日早く帰らなくてはならないのは事実なので、上司と部下に残業できない理由を思いきって打ち明けると、みんな驚きながらも理解を示してくれ、「できる限り協力しますから、何かあったら遠慮なく話して下さい」と言ってくれました。そのうえ、このことがきっかけで「じつは自分も父を介護していまして……」などと同僚や部下たちもプライベートな事情を打ち明けるようになり、それまで以上に助け合い協力し合える関係を築くことができたのです。

　自分の悩みをさらけ出すことで、周囲の人が悩みを話しやすい雰囲気をつくることができる。「ええかっこしい」を捨てれば、自分も周囲も楽になり、ひいては職場全体を活性化させることにもつながる。私はそう思っています。


　年齢を重ね、社会的立場が高まるほど、「周囲にどう見られているか」が気になるようになるかもしれません。「格好悪いところを見られたら足元をすくわれる」と肩肘張る気持ちが強くなっていくのも人情だと思います。

でも、見栄を張って自分の実態以上を演じても周囲の人にすぐばれます。それよりむしろ、身分相応のまま、自然体で振る舞ったほうがずっと周囲の信頼や尊敬を得られます。「本当に困っているなら頼ってほしい」「無理に強がらなくてもいいのに」と誰もが感じているものです。できないことはできない、不得手なものは不得手だと正直に打ち明けて、立場や年齢など気にせず、できる人や得意な人にやってもらえばいいのです。

ちなみに、私は電気製品やパソコンなど機械類の扱いがまるでダメ。計算や暗記は得意ですが、人の顔や食べたものを覚えるのがとても苦手です。だから、機械のことは機械いじりが得意な次男に、人の顔や食物のことはマネージャーの岩崎さんに頼りっぱなしです。「私のことを覚えてないんですか？」なんて言われることもありますが（笑）、人間は集団で生きているわけですから、できない部分はお互いカバーし合ってやっていけばいい。

自分の弱点を無理に隠さず、自然体で生きている人のそばには、自然と人が集まります。「この人と話をしてみたい」「一緒に働いてみたい」と思わせる安堵感のようなものがにじみ出るからです。自分のまわりに垣根をつくらないほうが、さまざまな人と共生しやすく、自分の幅も広がります。

## 「異質」を受け入れる度量を持つ

「五十にして天命を知る」

孔子のこの言葉が示すように、人間五十の声を聞くようになると、自己形成が完了し、ものの見方や価値観がおのずと定まってきます。自分なりの「ものさし」をもち、その基準に従ってぶれない行動をとるようになるのです。五十代は、自分なりの考え方や生き方が確立する年齢でもあります。

でも、これは逆に言うと、固定観念や思い込みにとらわれがちになる、ということでもあります。「思い込み」とは思考の枠組みそのものです。そのため、人は思い込みにとらわれてもそれに気づくことができず、道を誤ってしまうことさえあります。ぶれない信念を持つのは大切ですが、間違いを犯したことに気づかないままでいれば、人生を大きく誤ってしまう危険性があります。

私が経験した、象徴的なケースを一つご紹介しましょう。

とある大手百貨店の株主総会でのことです。その百貨店はゴルフ場経営の失敗によって六〇〇億以上もの損失を出してしまい、株主たちからは質問が多発し、会場は紛糾、まさに大荒れの状態でした。その時、私の近くにいた株主の男性が、壇上の役員に向かって言い放ちました。「その中で慶應出身者は立ってみろ」。半分以上がゾロゾロと立ち上がりました。彼は、すかさず叫びました。「慶應出身者ばかりで固めるから、こんなバカなことをやるんだ!」。

「なるほど、面白いことを言う人だな」と思いましたが、考えてみれば鋭い指摘です。百貨店が本業でないゴルフ場経営に手を出したために多額の損失を出し、株主に多大な迷惑をかけた、この失態は慶應出身という似たような思考をする人たちが「不動産価格が上がっているからゴルフ場経営でもやろうか」「いいね、やろうやろう」という身内による同質的経営が招いた過ちではないのか、というわけです。これは必ずしも合理的な説明とは言えないかもしれませんが、彼の意見に一理あるのも事実です。何しろその百貨店の社長も慶應出身で、周りを似たような「身内」だけで固めてきたからです。同質的経営やイエスマンばかりのモノカルチャー組織が引き起こす、典型的な失敗例と言えるでしょう。

一方、もしもこの集団のなかに「そんな経営方針はおかしい」と棹(さお)さす意見を言える人がいたとしたら、そしてその意見に耳を傾ける体質がこの組織にあったなら、こんな事態には陥らなかったはずです。みんなが常識だと思っていることに批判的な意見が提示されれば、組織の中に対立や衝突が生まれます。しかしそのコンフリクト（摩擦）が思い込みを正し、新しい発見やイノベーションを生み出します。こうした手間ひまを受け入れ、乗り越えていくことを通じて、組織は強くなっていくのです。

私が東レにいた頃、中途採用で別の会社からやってきた人が、「なぜ毎月このレポートを提出するのですか？」「何のためにこんな会議をやっているのですか？」と率直な疑問を投げかけてきたことがあります。長年同じ会社で働いている社員からすれば「えっ」と思う意見でしたが、多くの社員が「ハッ」とさせられ、「言われてみれば、このレポートや会議は本当に必要なのか？」と立ち止まって考えることができました。「異質」を排除せず、その考え方を柔軟に受け入れようとする組織の度量があったからこそ、思い込みの枠組みを外すことができたというわけです。

このように、「異質な考え方」を取り入れることによって、自らの誤りを検証し方向修正するという考え方は、「ダイバーシティ＝多様性の受容」という概念です。多様な価値観を認め、異端の存在を積極的に受け入れながら、互恵的に支え合う。最近では、多くの先進企業が率先して試みる経営戦略ですが、ダイバーシティは、組織経営だけでなく個人の生き方においても重要ではないかと思います。

意思が強く、信念や志に対する意識が高い人ほど、異なる意見に対して疑問や抵抗を感じるかもしれませんが、日頃からさまざまな考え方に触れ、自分と違う意見に謙虚に耳を傾けるようにしていると、次第に「なるほど」と柔軟に受けとめられるようになります。私はかつて若い部下に「三十五歳で勝負が決まる」と言ってきましたが、さまざまな人と出会い経験を重ねるうちに「四十代でも成長できる」「いやいくつになっても成長できる」と、どんどん考え方が変わりました。もちろん、大きな軸ががらりと変わってしまうようなことはそれほどありませんが、小さなことにいちいちこだわらず、良いと思ったことは素直に取り入れて、自分の考えを軌道修正するよう心がけています。

日本の組織は同調圧力が強く、多数派の意見や行動に合わせることを集団内に強いる傾向があります。周囲と違う意見を持つ「変わった人」を「困った人」と見なし、周囲に合わせないことを批難したり、排除したりしようとする考え方も、まだまだ根強く残されていると思います。

でも、ちょっと変わった意見を認める度量を持つと、枠にとらわれない自由な発想が生まれ、あなたの「天命」がより豊かな方向に導かれるはずです。「五十にして天命を知って」、「六十にして耳順う」人へ、おのずと成長できるのではないでしょうか。

## 「逆境もまたよし」の気持ちを持つ

会社では上司や部下との軋轢、仕事のプレッシャー、また家庭では反抗する子どもや足腰が弱ってきた親の世話など、五十代は、さまざまな問題に見舞われ、ストレスや葛藤を抱えやすい時期でもあります。

親が認知症になってしまった、子どもが引きこもりになってしまったなど、自分の知識や経験では解決しきれない深刻な「逆境」が立ちはだかるケースも他人事ではありません。ベテランの年齢に近づけば近づくほど、逆境が若い時よりも重くしんどいものに感じられることもあるかもしれません。

私も、うつ病の妻が手首を切って自殺を図った時は、絶望のどん底に突き落とされたような気持ちでした。必死に働いて、障害や病気の家族の面倒も見て、七転八倒しながらがんばっているのに、どうしてこんな目に遭うのか。なぜこんなに苦労するのか、何のために結婚したのか、私の人生はめちゃくちゃだと、ほとんど自暴自棄になっていました。

でも、一命を取り留めた妻が、絞り出すような声で「ごめんな、お父さん、迷惑ばかりかけて」と辛そうに言うのを聞いた時、私ははたと気づきました。

「一番苦しんでいるのは、私ではなく病気を抱えた妻なのだ。こうしたことが起こるのは本人のせいではなく病気のせいなのだ。『なぜ』とか『何のために』という問題ではない。何が起きようと自分が選んだ人生なのだから、運命を引き受けて前向きに歩んでいくしかない」と。

そう思うようになって以来、私は家族のことについて悲観的に考えなくなっていきました。「こういう人とめぐり会ったのは運命なのだから、それを受け入れよう」と、自分に与えられた境遇をポジティブな気持ちで受けとめられるようになったのです。

幸不幸というのは誰の身にも等しくふりかかるもので、「この人は不幸で、あの人は幸せ」なんてことはありません。お金もあって何の苦労もないように見える人が不幸を嘆くこともありますし、逆にものすごくたいへんな思いをしているのに「自分は恵まれている」と考える人もいます。

その最たる人がかのヘレン・ケラーです。彼女は、三重苦を抱えながらも障害者の教育・福祉活動に尽力したことで有名ですが、見ることも聞くことも話すこともできない不自由な身体を嘆くどころか、「私は自分の障害を神に感謝しています。自分を見出し、生涯の仕事に出会えたのも、この障害のおかげだからです」とさえ語っています。

普通に考えれば、ヘレンの障害は極めて困難な逆境であり、神を恨（うら）みこそすれ感謝の気持ちは起こりません。そんな嘆いても嘆き足りないほどの不幸を感謝に変えてしまう。ヘレンのこの言葉は、「逆境は悪いものとは限らない。自分を成長させてくれる宝物になる。本当の幸せというのは、逆境を越えた先にある」ということを私たちに教えてくれているのではないかと思います。

また、逆境にいる時、人は「いくらがんばっても誰も見てくれてはいない。自分の努力なんて無意味だ」と思いがちです。しかし、真正面から苦難を受け入れてコツコツ努力していれば、そういった姿を必ず誰かが見てくれているものです。そして、地道な努力が予期しないかたちで報われることがあるのです。

日本を代表する大手繊維メーカー「帝人」の社長を務めた安居祥策（やすいしょうさく）さんは、かつて傾きかけた帝人を大胆な手法で活性化させた先進的経営者として知られていますが、社長に就任するまで会社の中で長年、傍流（ぼうりゅう）を歩かされてきた、いわゆる不遇の人です。

六十歳でインドネシアにある子会社の社長に任命された時、「これで自分のビジネスマン人生は終わったな」と思ったそうですが、当時の帝人の社長に呼び戻されて急きょ取締役に、そしてその一年後にはなんと社長に就任します。

安居さんが社長になることを社内外の人間もマスコミもまったく予想しておらず、突然の人事に驚かされた人は少なくなかったようですが、見る人はちゃんと見ていたというわけです。

表舞台に立つまで長い時間がかかっても、「こうなりたい」「こうありたい」という強い志があれば、最後には必ず逆境を覆すことができる。厳しい出来事が重なっても、それを受けとめ立ち向かっていけば幸せをつかめる日がきっと訪れる。人知れず、どこかで見てくれている誰かが必ずいると思います。

苦労が続き、それに耐えていると、人間は強くなります。心が鍛えられて打たれ強くなり、何か事が起きても、ちょっとやそっとのことでは動じなくなります。逆に、何の苦労もせずストレートで来てしまった人は脆いものです。東レでは、「挫折(ざせつ)を知らない人は弱い、失敗するとすぐにめげて立ち上がれない」と言われ、エリートコース一直線の人材をむしろ歓迎しない雰囲気があるほどでした。

挫折や苦労を知ることは、それくらい価値のあることと考えてみてはどうでしょうか。「逆境も悪くはない」と気持ちを切り替えてみて下さい。

# 「心の欲するところ」に従って行動する

「災難や苦難はないに越したことはないが、思わぬ時に思わぬことが起こってくる。だから苦難がくればそれもよし、順調ならばさらによし、という心づもりを常に持ち、人一倍の働きを積み重ねてゆくことが大切だと思う」

これは、経営の神様と言われたパナソニックの創業者・松下幸之助の言葉です。辛い時や苦しい時、どれほどこの言葉に勇気づけられたことか。歯を食いしばって努力する日々を支えてくれた、私にとってはかけがえのない言葉ですが、「そうはいってももう限界、これ以上がんばれない」という局面も人生には訪れます。

もしもあなたが、乗り越えられない壁、リセットしなければもはや立ち行かない事態に直面したら、無理して乗り越えようとすることはありません。場合によっては、何もかも白紙に戻し、別の道を選ぶのも重要な決断ではないかと思います。

例えば、人にとって最も辛い出来事の一つに、連れ合いとの死別があります。日本は世界有数の長寿国で、人生八十年、九十年などと言われますが、その影で若くして亡くなってしまう人ももちろんいます。

四十代から五十代へ、これからがまさに働き盛りという人生の絶頂で、突然の病に倒れあっという間に亡くなってしまった人を、私はこれまで何人か見てきました。仕事もできるし人望も厚い、これほどの男がなぜこの若さで死んでしまったのか、小さな子どもを遺してさぞかし心残りであったろうと、悔しくやるせない気持ちになったことを、今でもよく覚えています。他人の私でさえショックなのですから、ましてや家族、特に急に人生のパートナーを失った本人の悲嘆は、想像を超えてあまりあります。

こういう時は、無理に元気を装ったり、気丈に乗り越えようとしたりしないほうがいい。思いきり泣くなり、閉じこもって落ち込むなり、あるいは誰かにじっくり話を聞いてもらうなり、自分の心が求めるまま、気のすむように振る舞うのが一番いいと思います。心の支えであり生活の支えであった人がいなくなる、その絶望は人生最大のストレスです。

死別とは少し話が変わりますが、連れ合いからのＤＶ（家庭内暴力）に苦しめられている場合も同じです。殴る蹴るなどの暴力を受けたり、人格を否定するような暴言を浴びせられて怯え苦しむ日々に耐えているとしたら、いつまでも我慢する必要はありません。もちろん、離婚はできるだけ避けるに越したことはないですが、「辛くて耐えられない。別れたい」という本音にさからうことはありません。「子どもがかわいそう」「世間体が悪い」という考えに惑わされる必要もないと思います。

夫婦のどちらかがうつ病などの精神疾患を患っている場合も、離婚を考えることがあるかもしれません。私の場合は何とか乗り越えることができ、離婚という選択肢を考えずにすみましたが、その辛さを乗り越えられずやむなく離婚を選ぶ人の気持ちは理解できます。「これ以上は限界だ、耐えられない」と感じたら、そういう決断をすることだってあっていい。

大切なのは、「心の欲するところ」に従って、どうすべきかを自分自身で選び取るということだと思います。

私は、「無私（むし）」の精神こそが「自分を生かす近道」だと考えています。「無私」とは「自分を無くすこと」ではないのかと思うかもしれませんが、そうではありません。無私とは「私欲」を抑えて生きていこうという意味で、己の欲のためではなく社会のため、そして大切な人のために志を持って生きていこう、そうすることが、自分を幸せに導く一番の近道だ、ということなのです。

そのように考えてみれば、自分の本当の「心の欲するところ」がおのずと見えてくるのではないでしょうか。そもそも自分はどんな志を持っていたのか、その志と今の自分との間でぶれているところはないか。眼前の問題に距離をおいて、素直に、そして謙虚に振り返れば、自分が何を感じてどうしたいのかが客観的にわかるようになるはずです。

「感じたところに従ったら、わがままになってしまうのではないか」

まじめな人はそんな心配をするかもしれませんが、いいのです。五十代はちょっとわがままなくらいで大丈夫です。七十代を「心の欲するところに従えど矩を越えず」と言いますが、五十代でも多少矩を越えたって、そんなものは構いません。というよりそもそも矩を越えないなんて、普通の人間には無理な話ですから（笑）、あまり気にせず、自分にやさしくおおらかに振る舞ってみてほしいと思います。

世の中何が正しくて何が正しくないのか、白黒つけられる答えなどそう多くはありません。だからこそわがままに、されど謙虚に、「心の欲するところに従って」行動することが大切なのです。

## 「恫喝(どうかつ)的な上司」を待ち受ける末路

世間には、尊大な態度をとったり恫喝的にものを言うことで、自分の存在感を示そうとする人がいます。自分の主張を通すためには、穏やかに接するより威圧感を与えたほうが言うことを聞かせやすい。そう考えるのかもしれませんが、何の思慮もなく、大きな声をあげて横柄な振る舞いをする人に本気でついていこうとする人間はまずいません。多くの取り巻きを従え、表面的には支持されているように見えても、しだいに人心は離れていきます。

ある会社で二十年も会長兼社長を続けてきた人の話です。

彼は三十代、四十代の頃から、部下を大声で怒鳴り、叱り飛ばすことで組織を引っ張ってきました。部下が成果を上げても褒(ほ)めることはまずまれで、毎日、怒鳴りっぱなし、叱りっぱなしです。しかも、自分が気に入っている人物、自分を喜ばせてくれる人間ばかりを身の回りに置き、自分と対等の立場にいる社外の人間とはほとんどつき合おうとしません。部下の個人的事情などお構いなしに、連日連夜飲み歩き、家庭のことはいっさい顧みない、そんな豪胆（ごうたん）な日々を送っている人でした。

役員を外れたあとも、彼は毎日、出社しては社員を飲みに誘っていました。しかし、役員時代にしぶしぶ言うことを聞いていた人ももはや迷惑顔です。「トップを下りた自分は誰からも慕われてはいない」ということに気づいていたかどうかわかりませんが、一度握ってしまった権力を彼はなかなか手放すことができなかったようです。本来なら、トップ自らが処すべき「引き際」を決断できず、会社から離れられなくなってしまったというわけです。

そして最後は脳梗塞（のうこうそく）で倒れ、不自由な生活を送っていますが、長年、連れ添った奥さんにも嫌われ、かつての部下たちも訪れることもない療養生活になってしまいました。そんな人生が、果たして本当に幸せであると言えるのでしょうか。

出世したい、トップに立ちたい、お金も手にしたい。そうした欲を持つのは悪いことではありません。その欲が仕事のモチベーションにつながります。組織で生きる人間なら、誰しも一度ならずそんな思いを持つものですし、お金だってないよりはあったほうがいいに決まっています。

でも、だからといって、目的を取り違えてはいけません。そもそも人は何のために働くのか、ほかでもない幸せになるためです。幸せとは、家族や周囲の人たちと支え合い、信頼し信頼され、心身ともに健やかに生きていくということです。出世することやトップに立つことが「幸せ」なのではありません。

出世することも、トップに立つことも、そして権力を得ることも、幸せを掴(つか)むための手段なのです。権力とは、組織や社会に貢献するための道具にすぎません。ですから、周囲を恫喝(どうかつ)し、怖れを抱かせるような権力など、本来ならあり得ないはずなのです。

恫喝的な姿勢でみんなを従わせれば、一時は支持を得て優越感に浸れるかもしれません。でも権力をかさに着て周囲を抑えつけて我を通すような行為を重ねれば、いずれは周囲の人たちの心は離れていきます。長い目でみれば、信頼も尊敬も失い人生の大きな損失と言えるでしょう。

それよりもむしろ、相手が心を開くよう穏やかに接するほうが人とのつき合いは豊かになります。部下に接する際、私は褒(ほ)めるのが八割、叱るのが二割で接してきました。私は障害のある子どもを持ったせいか、人を見る時、悪いところよりもいいところに目がいきやすいということもありますが、実際に、叱るより褒めたほうがチームの成果が出やすいという実験結果もあるのだそうです。もちろん、ケースバイケースかもしれませんが、人間やはり怒鳴られるよりは、「よくやった」と褒められたほうが「次もがんばるぞ！」という気持ちになるものです。よく「子どもは褒めて伸ばせ」と言われますが、これは子どもだけでなく、いくつになっても言えることではないかと思います。

とはいえ、人は褒められると過信したり、傲慢になったりすることもないわけではありません。そういう場合は厳しく諫めなければいけませんし、ミスを犯すなどの失態があった場合も、きちんと誤りを指摘し、反省させる必要があります。当たり前のことですが、何でもかんでも「叱らないほうがいい」というわけではありません。相手の性格や出方しだいによっては、きっぱりと力強く叱らなければならないこともあるでしょう。「穏やかに接すること」と「甘やかすこと」を一緒くたにしないよう注意が必要です。

そしてもちろん、このことは、部下だけでなく自分自身についても言えることです。五十代ともなると、面と向かって叱られることも、反省を促される機会も少なくなっていきます。謙虚に、時に厳しく、自分自身を省みる姿勢が求められます。

# 「聞き役」に回れない五十代は見苦しい

「今日はいい打ち合わせができた」。

人がこのように感じるのは、「自分の伝えたい話が全部話せた時」です。もちろん、めったに聞けない情報やためになる話を聞けた時も、「よかった」「有意義だった」と感じることがあるかもしれません。

しかし誰かの話を聞く場合、たいていは「自分が聞きたい話」より「相手が一方的に話したい話」を聞かされていることのほうが多いものです。「上司と飲みに行くと若い頃の武勇伝や人生論ばかり聞かされる」「つまらない話だと思ってもぞんざいにできず閉口（へいこう）させられた」……実際にそんな経験をお持ちの方も少なくないのではないでしょうか。

上司にしてみれば、別に自分の過去の自慢話をするつもりなどなく、「部下を育てよう」という責任感、親心なのかもしれません。ところが、当の部下からは鬱陶（うっとう）しいとしか思われない。それは部下のためではなく自分のため、部下を育てるどころか、部下に「聞き役」を強いてしまっているからなのです。

よく「最近の若者は上司の誘いを平気で断る」などと言われますが、断るのは「聞き役」を強いられるのを避けたいからで、「一緒に飲みに行くのが嫌」というわけではありません。「飲みにいこう」と誘われればうれしいし、悩み事があれば相談したい、わからないことがあれば意見を求めたいと思っています。

でも、いざ話を聞いてもらおうとしても、話をするのは上司ばかり、部下は聞き役に徹していなければならない、場合によっては説教を聞かされる……これでは、上司と飲みにいきたがらなくなっても不思議ではありません。

「目下に助言を与えるのが年長者の務め」。それも立派な考え方ですし、場合によっては教え諭すことも必要かもしれません。でも、それはあくまで仕事中の話で、仕事が終わったあとのお酒や食事の席では、むしろ「聞き役」に回るのが年長者の役割だと思います。

「最近、元気がないようだが何かあったのか?」、「この間のあの事業企画書の出来はずいぶんよかったが、何にヒントを掴んだの?」などと上司が聞き役に回ると、「こんな悩みを抱えていまして」「じつはこういう出来事があったんです」など、部下の口から予想外の事実を聞かされることも少なくはありません。

胸の内を吐き出すことができれば、部下は気持ちが楽になりますし、その事実を知ることで社内の問題にいち早く対応でき、仕事の効率や環境を改善することもできます。上司が「聞き上手」になると、部下にとっても会社にとっても大きなメリットがあるのです。とはいうものの、聞き上手になるのは、口で言うほど簡単なことではありません。

以前、会社の課長研修で「私・僕ゲーム」というのを受けたことがあります。「二人ペアになり、三〇秒ずつ交代で話をする。ただし『私』『僕』という言葉を使ったら負け」というアクティビティですが、みなあっけないほど「私は」「僕の場合」などと口にしてしまい、次々に敗退していきました。

私は辛うじて決勝まで勝ち進み、相手にちょっとしたワナをかけて優勝を獲得しましたが(笑)、ふだんいかに自分の話をしたがっているか、そしていかに相手の話を聞こうとしていないか、ということを痛感させられるゲームでした。

研修の講師が「人はそれほど自分の話をしたいものなのです」と締めくくっていましたが、言われてみれば、そのようなケースは私たちの周囲でもよく見られます。

例えば、一方が「私は最近血圧が高くてね」と切り出した時、もう一方が「私はもっと高い。何しろ私はこういう病気して、入院もして……」としゃべり出し、切り出した人の話を遮ってしまう。せっかく自分の病気の話をしようとしたのに、相手に話を奪われてPL

まったら、話をし始めたほうはがっかりしてしまいますよね。

　こうした手前勝手な行動を自制し、どっしり構えて人の話を聴ける。五十代ではそんな安定感を期待したいものですが、こういう行動は案外他人事ではありません。相手の話を自然に無理なく聞けるというのは、それだけで一つの優れた能力であると言っても過言ではないでしょう。


　では、聞き上手とはどういう人なのか。ベストセラーになった『聞く力』（文春新書）のなかで、阿川佐和子さんは作家・城山三郎をインタビューした時のエピソードをひいて次のように語っています。

「城山さんは私の前で、鋭い突っ込みや、こちらがドキッとするような質問はなさいませんでした。ただひたすら、『そう』『それで？』『面白いねえ』『どうして？』『それから？』と、ほんの一言を挟むだけで、あとはニコニコ楽しそうに、私の世にもくだらない家庭内の愚痴を、穏やかな温かい表情で聞き続けてくださったのです」

　鋭い質問などせず、ただうなずきながら話に耳を傾ける。これだけで十分「聞き上手」だということです。もしも部下と話す機会があったら、あなたも「私が」「僕が」を使わずに話すことにチャレンジしてみて下さい。

# 「信頼残高」を確認してみる

五十代からは、仕事のためではなく自分のために、肩の力を抜いて自然体で生きてみたらどうか。私は五十代を迎えるみなさんに、そんな生き方を提案していますが、肩の力を抜いてしまう前に、改めて確認をしてほしいことがあります。

それは、自分に対する周囲の人々の「信頼残高」がどのくらいあるのか、ということです。

「信頼残高」とは、人間関係において築かれた信頼のレベルのことです。「その人に接する安心感」と言い換えることもできます。どの程度信頼に値する人物なのか、どの程度安心して信頼を寄せられる人間なのかを計る目安になると言ってもいいでしょう。

例えば、日頃から信頼残高を蓄えておいた人は、何か大きな失敗をしでかしてしまっても、「彼があんな失敗をするなんて、よほどのことだったのだろう」と割り引いて受けとめてもらえます。コツコツ誠実に蓄えてきた信頼が、いざという時の担保(たんぽ)になってくれるのです。

これとは反対に、信頼残高が不足している状態の人が失敗してしまうと、「ああ、あいつまたやりよった」と呆(あき)れられ、自分に対する評価がさらにガクッと下がります。

「これはまずい」と自ら気づき、残高を蓄える努力を継続的にすべきなのですが、なかには残高が減り続けても意に介さず、「いつものことだから大丈夫、今回も大目に見てもらえるはず」と高を括る人もいます。しかし、世間はそれほど甘くありません。信頼残高がやがて底をつけば、ある日突然門前払いを食らうことになります。

人づき合いでは、「相手の口座に、自分の信頼残高がどれだけあるか」を常に考えながらやっていくことが、とても重要なことだといえます。


「信頼残高」とは、スティーブン・R・コヴィー博士が著した、世界で四〇〇〇万部を超えるロングセラーとなった『七つの習慣』(キングベアー出版)のなかに登場する言葉です。コヴィー博士は、「人生を幸福に導く成功哲学」として、次に上げる七つの習慣を提唱しています。

1　自分の人生を引き受けて主体的に生きること
2　目標を持ち、終わりを思い描くことから始めること

3　今何が大事かを考え、最優先事項を優先すること
4　自利他利円満、「Win-Win」で考えること
5　まず相手を理解し理解される、インサイドアウトで考えること
6　シナジーを創り出し、全体の合計が各部の和より大きくなること
7　刃を磨く、すなわち自分を磨く習慣をつけること

さらにコヴィー博士は、七つの習慣を実践する前提として、「人生を真の成功と幸福に導くものは、優れた人格を持つことであり、自分自身の内面（インサイド）から外（アウト）に働きかけることである」とし、そのためには「信頼残高を高めておかなくてはならない」と強調しています。

小手先（こてさき）のスキルをいくら極めても、人格という土台が盤石（ばんじゃく）でなければ成功することはできないというわけです。

七つの習慣は、優れたリーダーを育成することを目的に書かれたものですが、「すべての人が自分自身の人生のリーダーである」と考えれば、人生をよりよく生きる指標として誰もが役立てられるのではないかと思います。

私は、「信頼」とは組織のインフラ（基盤）であると考えてきました。「仕事を効率化す

るにはどうすればよいか」といったことを考える時、多くの人は実践的な仕事術や管理術ばかりに注目しますが、仕事の効率化に何より欠かせないのは「仲間と信頼関係を築くこと」です。

仲間を信頼するということは、仲間を好きになるということです。そして、「一緒に働く仲間が好きだ」という気持ちがコミュニケーションを活性化し、すれ違いや行き違いなどのムダを削減します。こうしたインフラのうえに個人がスキルを磨き上げることで、組織の力は最大化されるのです。

これは、組織だけでなく人生全般においても言えることです。より良い人生を送るのに最も必要なインフラは、地位でもお金でもなく「信頼」であり、信頼されるに足る行動を自らとって初めて、相手からの信頼が得られるのです。

信頼されるに足る行動とは、決して難しいことではありません。約束を守る。嘘をつかない。間違いを犯したら謝って改める。人の悪口を言わない……幼少時に教わった人としての基本を愚直に実行することこそ、信頼を得るための近道なのです。

あなたの信頼残高は、果たしてどのくらい残っているでしょうか？

職場の仲間、友人、親、兄弟、そして妻や子どもたち……不足しても構わない信頼残高など、世の中には一つもありません。

# 自分への「とっておきのごほうび」を贈る

定年を迎えるまで、あとおよそ十年。子どもも手がかからなくなってきたし、会社にもそれなりの貢献をしてきた……そんな年代にさしかかったら、がんばってきた自分に「ごほうび」をプレゼントしてみてはどうでしょうか。

といっても、私がお薦めするのは趣味や旅行、買い物など、金銭的に高価なものではありません。値段をつけることのできない、あなた自身に捧げる「とっておきのごほうび」です。

二十代はじめに社会人になって以来、あなたはきっと、会社や家族など自分以外のために心血を注いできたのではないかと思います。強い緊張感や義務感を背負いながら、自分のことなどほとんど考えず、ただひたすら前を見て走ってきたことでしょう。

でも、そろそろそういう日々とは距離をおいて、ゆったりと、自分自身のことを考えてみてほしいのです。五十歳を過ぎたら、自分をメインに、他人のことはときどき思うくらいでいい、そんなスタンスがちょうどよいのではないかと思います。

私自身の「とっておきのごほうび」は、物書きとして本を書くようになったこと、そして書いた本を通じてさまざまな人とのご縁ができたことです。

正直に言うと、私は最初の著書『ビッグツリー』を書いたら、本を出すのはそれで終わりだと思っていました。その後原稿依頼がくるなんて思ってもいませんでしたし、物書きになりたいという夢があったわけでもありません。

何しろ私は「会社のトップになる」くらいの勢いで生きてきた人間です。一通りの読書はしてきましたが、特別に本好きというわけでもなく、むしろ「いくら多くの本を読んでも実践できなければ意味がない」とさえ思っていました。そんな自分が本を何冊も書くようになるなんて、五十代の私は想像さえしていませんでした。

ところが、意外なことに『ビッグツリー』のあともいくつかの会社から出版依頼を受け、ビジネス書を書く機会を与えられました。そして四冊目となる著書『働く君に贈る25の言葉』が四〇万部を超えるベストセラーとなり、これが呼び水になってさまざまな出版社からさらに出版の企画が舞い込むようになったのです。

ビジネスマン人生を送ってきた私にとって、会社ではなく、自分自身に直接仕事の依頼がくるというのは、とても新鮮でやりがいがありました。もちろん、原稿を書くのはしんどい面もありますが、編集者の力を借りながら本を書き上げる達成感は、格別の気持ちよさがあります。

また、読者の方からお手紙をいただいたり、講演会に来て下さった方に「本を読んで感動しました！」と言ってもらえるのも、このうえなくうれしいことでした。

こうして本を書くようになってからというもの、私は大好きだったゴルフをやらなくなりました。青空の下で「バーディーだ」「ボギーだ」と、わいわいプレーして回るのもとても楽しいのですが、一度回って楽しんだらそれでおしまい。ゴルフの楽しみは一過性のものでしかありません。

それに比べて、本は書いたあとにその波がじわじわと広がり、さまざまな人からたくさんの反響があります。ひょっとすると、自分はゴルフよりも本を書くことのほうが好きかもしれないと気づいた時、私はふと思いました。

「自分が本当にやりたかったのは、こういうことだったんじゃないだろうか。実際に本を出すまでは気づかなかったが、自分はもしかすると、ずっとこうしたことをやりたかったのかもしれない」

会社に入ってビジネスマンになり、ビジネスマンになったからにはとことん上を目指すことが当たり前。そう思って生きてきた私でしたが、出世コースを外れたことで物書きへの道が開かれ、その道を歩んでみることによって「本当にやりたかったこと」に奇しくも出会えた、というわけです。

「人間万事塞翁が馬」といいますが、人生とは、何があるか本当にわからないものです。

「自分はずっと会社や家族のために生きてきた。自分のことと言われても、正直よくわからない。何がごほうびなのかもわからない」

みなさんのなかには、そんなふうに感じ、迷ってしまう人もいるかもしれません。そういう場合は、むりに「ごほうび」を探さず、迷ったまま、しばらく肩を落としたままでいて下さい。

肩の力が完全に抜けてしまうと、何かしら見えてくるものが必ずあります。

私も、ごほうびに気づく前は左遷という一大事に出会い、これでもかというくらい落ち込みました。「私のビジネスマン人生は終わったのだ」と本気で思っていたのです。

でも、こうした状況から抜けきった頃から、妻の病気が回復し、本を書く人生の下地が固められていきました。肩の力が抜けた後に、予期せぬ方向から次のシナリオがやってくる。そんな「とっておきのごほうび」もあるのです。

# 自分自身の「身の丈（たけ）」を計ってみる

サラリーマンたるもの、四十代までには管理職に。

家庭を持って子どもができたらマイホームを。

こうした夢や目標に向かって、がむしゃらに働いてきたという人はきっとたくさんいると思います。目標を達成し、さらに上を目指してがんばっている人もいれば、遅れをとって焦（あせ）っている人、思わぬアクシデントによって「こんなはずではなかった」と悔しい思いを抱いている人もいるかもしれません。

私も、三十を過ぎて認められ、仕事に対して欲が出てくると、「四十までに課長になる」と目標を持つようになりました。そして課長になると、自分の能力を最大限に発揮したいと考えるようになり、さらに上の役職を目指しました。

当時の私は、「人は掲げた目標を叶えるため、そして自己実現のために働くのだ」と信じていました。

しかし、五十代に入ると、この考え方に疑問を持つようになりました。「人は自己実現のためだけに働くのだろうか？　もっとほかに大切なことがあるのではないのか？」と考えるようになったのです。

そもそも、いくら目標を定めたところで、私たちができることには限度があります。「四十代までに課長になる」「五十代で取締役になる」といくら自分で目標を定めたところで、希望通りのポジションにつけるとは限りません。

役職だけでなく、家柄、能力、容姿なども同じです。私たちは親兄弟を選ぶことはできませんし、能力や容姿も選べるわけではありません。

「人との出会い」についてもそうです。誰と友人になるか、誰と結婚するか、誰と同じ職場になるか。一見自分の意思で選んでいるように見えますが、じつは運命の力が大きく働いていています。

世の中にはじつにさまざまな人がいて、人柄のいい人もいればわがままな人もいる。強い人もいれば弱い人もいる。そして残念なことに、私たちは仕事や人生で関わる相手を必ずしも選べるとは限りません。

こうした人間の渦(うず)のなかで「人にまみれて」生きていれば、不本意な思いや理不尽なことを強いられることもあります。深く傷ついて疲れ果て、嫉妬や悪口など「負」の感情にとらわれそうになることもあります。

「あの人のせいでこんな思いをさせられている」

「環境さえ変われば幸せになれるのに」

私たちは逆境に立たされると、今の不遇を周りのせいにしてしまいがちですが、いくら不満を言っても現状に背を向けても、何の解決にもなりません。

希望のポジションにつけなかったらつけないなりに、ほしいものが手に入らないなら入らないなりに、私たちはそういうものを「天から授けられた所与の条件」として引き受けるほかないのです。

しかし、たとえどんな運命であっても、どんな条件を突きつけられたとしても、そのなかで最善を尽くすことで運命を変えることはできます。

持って生まれたものは変えられなくても、努力によって自分を変えていくことができます。希望のポジションにつけなかったとしても、そこで腐らず、与えられた任務を真摯(しんし)に遂行し続ければ、必ず評価してもらえる時がやってきます。

主体性を持って臨(のぞ)む、目標をしっかり持つ、最優先事項を優先する、こうした地道な行動をねばり強く心がけ、習慣化することができれば、たとえ能力で劣っていたとしてもライバルに勝つことは不可能ではありません。良い習慣には才能を超える力があるからです。自分に与えられた条件を「不運だ」と嘆くのではなく、その条件下でどれだけのことができるかを考え行動に移す。人間はそうした努力を重ねることで成長し、自分らしい幸せのかたち、身の丈に合った生き方を獲得します。

幸せな人生とは、分相応を知ること、「身の丈を自ら知る謙虚さ」があって初めて叶えられるのです。人は自己実現のみではなく、「人間として成長するために働く」。ビジネスの第一線を退いてみると、そのことが本当によくわかります。

では、成長さえすればお金はどうでもいいのかといえば、もちろん、そんなはずはありません。身の丈を知るというのは、「貧乏に生きる」ということではなく、その生き方に最適なお金の使い方をするということです。

チャップリンの代表作『ライムライト』に登場する名台詞「人生に必要なのは勇気と想像力とサムマネー」のように、慎ましく、されど最低限のお金は蓄えて、という意味なのです。

「それはいくらだ」「儲かるのか」そんなお金に執着を示す言葉を聞くと、人はあまり愉快な気持ちにはなりません。そういう言葉を発しない、そういう考え方に染まらない人間性が、人生の価値を決めるのだと思います。

# 自分の性格を「冷静かつ客観的」に理解する

人は一人で生きていくことはできません。

家族、友人、同僚、上司……この世の中で生きていく限り、自分以外の誰かしらと関わり、それぞれの関係性を築いていきます。

では、この関係性を築くうえで、最も大切なことは何でしょうか？

それは、「真摯(しんし)さ」つまり「礼儀正しさ」です。

人に会ったら挨拶をする。何かしてもらったらお礼を言う。嘘をつかない。間違いを犯したらごめんなさいと謝る。……人として守るべきことをきちんとやること、そうしたことが「真摯さ」であり「礼儀正しさ」だと私は考えています。

「なんだ、そんな当たり前のこと、小学生でもできるだろう」と思うかもしれませんが、じつはこうした基本的なことをできない人が意外に多いのです。

「まさか。自分はそんなことはない」

果たして本当にそうでしょうか？

自分は、本当に自分が思っているような人間なのでしょうか？

私は、五十代に入ったみなさんには、ここでひとつ、「あえて自分の人間性、性格を振り返ってみる」ことにチャレンジしてほしいと思うのです。


私がこう思うようになったのは、四十八歳の時に会社で受けた「四十八歳リフレッシュ研修」がきっかけです。この研修は、五十代以降のビジネスマン人生をより充実させることを目的に、メンタル面のチェックから退職金の計算の仕方まで、さまざまなライフスキルを学ぶ取り組みです。

この研修で、特に興味深かったのが「性格診断テスト」です。

まず、事前に参加者全員に「あなたは友だちがたくさんいますか？」「内気ですか？社交的ですか？」など一〇〇の質問項目に答えを書かせて回収し、それをコンピュータ処理して性格診断結果を出します。

そして研修で、五名ずつのグループに分かれた参加者に、五名の無記名の診断結果を任意に配布します。そのなかでどれが自分の性格を表したものかを当てるのですが、これを正解した人は二〇人中一〇人。何と半数の人が、自分の性格診断を間違えてしまったのです。

さらに、まったく同じ質問を参加者の奥さんにもしてもらい、自分の奥さんがどれかを当てます。こちらに至っては、正解者はわずか四人。奥さんも自分も当てることができたのは、私ともう一人のたった二人でした。

四十八歳にもなるのに、自分の性格も、毎日一緒にいる奥さんの性格も正しく把握できていないなんて、「そんなバカな」と思うかもしれませんが、現実にこういう人のほうが多いということなのです。

ちなみに、この研修では、最後に奥さんから夫宛の手紙を事務局に前もって出してもらい、それを本人がみんなの前で読んで締めくくられます。

仲の良い夫婦の場合は「たいへん苦労していつもがんばってくれて……」という心温まるような内容なのですが、中には「少しは私の気持ちをわかってください、今からでも遅くはないですから。私の結婚生活は何だったんでしょうか」というちょっと辛辣（しんらつ）な内容の手紙もありました（笑）。

当のご本人は、ショックやら恥ずかしいやらで黙り込んでしまいましたが、五十代を前に、自分の性格や自分に対する奥さんの気持ちを知るのは、今後の人生のためにとても大切なことではないかと思います。

五十代の頃、私も妻からの手紙に衝撃を受けたことがあります。

「子どものことが終わったら、貴方とは果たしてやっていけるのでしょうか。貴方とは結婚当初から生き方、考え方は異なっておりました。そのため何度もぶつかり合い、離婚も考えてきました。……」

長男の病気に心を砕きながら、自身も入退院をくり返し、妻は精神的にとても苦しかったのでしょう。しかし、私は家事や仕事で忙殺され、そんな妻の心中を思いやる余裕がありませんでした。それどころか、「オレは仕事の重責をこなしながら家族のこともしてやってるんだ」とかなり上から目線の気持ちもあったのです。

私の場合、妻の自殺未遂によって自分を省み、その後本を書くことでお互いの思いを共有することができました。しかし特に何事も起きなければ、すれ違っていても何も気がつかずに暮らしていく、そんな家族や夫婦が多いのではないかと思います。

でも、たとえ表面的に何もないように思えても、あるいは自分は相手を理解し、相手も自分をわかっているはずだと確信していても、夫婦は何があるかわかりません。人生も予定調和とは限りません。

自分はどういう性格なのか、自分は家族にどう見られているのか。冷静に、そして客観的に、一度「自己性格診断」を試みてはどうでしょうか。

# 何が起きても「あ、そう」と笑う

働くこととは、全力投球で仕事にぶつかること。現役時代の私は、常にそんな気持ちで仕事に臨んでいました。「セオリー」や「座学」だけではビジネスの本質は掴めない。現実のビジネスは、セオリーでは収まりきらない活力にあふれたもので、自分の頭で考え抜かなければ成功は得られないと考えていたのです。

そう考えるようになったのは、三十代のはじめ、破綻寸前の関係会社に再建スタッフとして出向したのがきっかけでした。

赤字が累積して潰れかかった会社はひどい混乱状態にあり、含み損の確定や人員削減など、やるべきことが山積していました。一つ片付けても次から次へと問題が現れ、連日深夜までの仕事になることが多く、過度の働き方で原因不明の四〇度を超える熱を出してぶっ倒れることもしばしばでした。

でも、そうした経験があったおかげで、私は「経営とは何か」「仕事とは何か」を身をもって学ぶことができました。仕事とは、修羅場に飛び込んで、カベにぶつかりながら、とことん悩み抜き行動して身に付けるもの。こうした現場での格闘こそが、私のビジネスマンとしての基礎を形作ってくれたと言ってもいいでしょう。

しかし、そんな「全力投球の働き方」が通用するのは四十代まで。五十代からは、「格闘モード」を少しゆるめ、「細かいことは気にしない」「ま、どうでもいいや」くらいの感覚、いわば「鈍感になる」くらいでちょうどいいのではないかと思います。

『鈍感力』を著した渡辺淳一氏は、「鈍感力とは、どんな時もくよくよしないで、へこたれずに、物事を前向きに捉えていく力のことである」「立派にやろう、ミスなく完璧にやろうと考えず、あえて鈍感になろう」と語っています。

「鈍感」というと、状況が読めないとか、物事にすぐ対応できないなど、マイナスイメージでとらえられがちですが、傷ついても気にせずすぐに立ち直り、苦労していてもすぐに忘れられる「鈍感力」は素晴らしいことなのです。

古いことわざの一つに、「成功するためには、幸運に恵まれること、根気があること、鈍いと思われるくらい粘り強いこと、この三つが必要である」ということを説いた「運根鈍」がありますが、鈍感力とはこの運根鈍の「鈍」の意に近いかもしれません。ただ単に鈍いのではなく、物事をじっくりやり遂げるための鈍感力、そんな、戦略的な意味が込められているのかもしれません。

私は、生まれつき体が小さく、風邪はひく、腹痛は起こす、じんましんは出るという病弱な子どもでした。性格も大人しく、内向的なところがありましたから、鈍感というよりはむしろ感受性が強いほうだったのですが、六歳の時に父が亡くなり、家の暮らしは豊かではなかったせいか、いつしか「しかたがない」「なんとかなる」という諦観めいた考え方が身に付くようになりました。

ある意味、楽観主義、楽天主義ともいえるものですが、この先にはきっといいことがあるという子どもなりの生きる知恵だったのかもしれません。家族のことで困難に直面しても、仕事でカベにぶち当たっても、私がへこたれず何とか乗り越えてこられたのは、この幼い頃に身に付けた「鈍感力」「楽天主義」がベースにあったからかもしれません。

もちろん、若い時は最大限にアンテナを張り、神経を集中させて猛然と働いていましたが、五十代以降は、あまり神経を尖らせず、くよくよせず、傷ついてもすぐに立ち直る「鈍感力」でやっていくのが一番いいと思っています。

この年代になると、親の世話などをめぐって、兄弟や親族とやっかいな話し合いをしなければならないケースも増えてくると思います。肉親どうしは、ビジネスとは別の気遣いが求められますから、仕事以上に神経をすり減らすこともあるかもしれません。

私も母がまだ存命の頃、未亡人になった母を誰が引き取るか、ということでもめたことがありました。当時の私は、自分の家庭の事情で母を引き取れない状況でしたので、他の兄弟が引き取ることになったのですが、いざ引き取ると予想だにしていなかったことが次々に起こり、どうすればいいのか、誰が責任をとるのかと、諍いが起きてしまいました。

私は、「感情的にならず、もっと相手の言い分を聞いて、お互いを認めたら」といろいろ言いましたが、なかなか上手くいきませんでした。それに原因はやや感情的なものでした。そこでまあしかたがない。「あっ、そう……」と言う以外、私にできることはありませんでした（笑）。

親族どうしのいざこざは、感情的になり、まっとうな議論が成立しないことがよくあります。罵られたり八つ当たりされたり、「なんでそうなるんだ」と間尺に合わないこともあるかもしれません。そういう時は、鈍感力。苛立つ気持ちを少し抑えて、「あっ、そう……」と笑ってみて下さい。またそれでもいつかは良くなるかもしれないという「楽観主義」がいい結果を生むかもしれません。

# コロナがもたらす働き方の変化に、したたかにしなやかに対応する

ここ最近、コロナの影響でテレワークやオンライン会議が増えています。私の講演会なども、オンラインで行うことが多くなっています。

オンラインですと、交通費も会場費もかかりません。どこからでも参加できるようになってきたわけですから、これはとても良い変化だと思います。

テレワークも同じです。テレワークが導入されれば、交通費も通勤時間も不要になりますし、無駄な会議もなくなります。上司からの突然の呼び出しや、アポなしでやってくる急な来客に時間を取られるということも少なくなります。

それに、自宅で作業をすれば電話応対や周囲からの話しかけもなくなりますから、その分仕事に集中できます。おのずと生産性が高まります。家事や育児の負担の軽減にもつながり、結果的に仕事の効率が上がることになります。

こうしてみると、コロナが働き方改革を促したといえなくもありません。私たちの生活

を脅かす深刻な問題であることに違いはありませんが、デメリットにばかり囚われず、このような災厄をしたたかに、しなやかに受け止めることも必要ではないでしょうか。

もっとも、こうしたデジタル化の到来は、コロナ禍以前から起きていたことです。

例えば、私は講演などの移動でよく新幹線を利用するのですが、最近は「スマートEX」で簡単に予約できます。予約の変更や取り消しも、スマホ一つで簡単に行えます。これまで、鉄道会社の窓口に行かなければならなかったことを考えると、非常に大きな変化です。

ホテルでもゴルフ場でも、同じことが言えます。ネットを使えば空き状況や混み具合などもすぐにわかり、深夜でも早朝でも、自分の都合の良い時間に予約が入れられます。電話して担当の人に調べてもらって……などということをしなくても、ITやAIが代わりにやってくれる。本当に便利な世の中になったものだと思います。

AIといえば、ある生命保険会社が請求書の業務処理にロボットを使ったところ、二十四時間三六五日の稼働が可能になったため、社員二十名が不要になったといいます。これはRobotic Process Automation（RPA）の一例です。

また、金融業界ではFintech（フィンテック）と呼ばれる銀行業務の激変が起こり、金融市場における大変革が巻き起こっています。

デジタル化は業務処理がスピーディーで、かつデータ分析も可能であることから、無料化や低価格化、個別対応化が実現できます。私たちにとって極めて身近な銀行も、デジタル化の影響を大いに受けているということです。

こうした技術革新による変化は、「第四次産業革命（Industry 4.0）」などと呼ばれますが、私たちの働き方を大きく変えていくことは言うまでもありません。「変化についていけない」などと言わず、新しいことに興味関心を持つ心の若さを保ちたいものです。

ただ、こうした働き方の変化にはデメリットもあります。

実際に経験された方も多いと思いますが、テレワークでは、机を並べて働いていれば一言で済んでしまうことを、いちいち電話やメールで知らせなくてはなりません。対面の会話によって生まれていたアイディアが、生まれにくくなるということも起こります。

顔を見て直接伝えれば容易に確認できていたものでも、やりとりがしにくくなった、行き違いが生じたなどといったこともあるかもしれません。

また、テレワークだと各人の仕事の過程がよく見えず、結果だけで判断せざるを得ないため、究極の成果主義につながる可能性も否めません。リアルでの仕事ぶりを見られないため、その人の強みが理解されず、結果だけで評価されてしまう恐れがあるのです。

それに、自宅で仕事をしていると、どうしても時間の管理が曖昧になり、気づいたらサービス残業が増えてしまったということもあるでしょう。自宅に作業スペースがなく、仕事に集中できないという環境的な問題を抱えている人も少なくないかもしれません。

ちなみに、私は今後こうしたデジタル化によって、「中間管理職の役割」が大きく変わると考えています。

これまでの中間管理職の役目といえば、トップの意向を下に伝え、現場の実態を上に伝えるという、いわば情報伝達の要でしたが、デジタル化が進めばこうした役割は不要になります。パソコンのボタン一つで、トップの考え方も会社の動向も全社員に一気に伝えることができるからです。言い換えるなら、情報伝達だけを担う中間管理職はもういらない、と考えられるわけです。

では、今後中間管理職はどんな役割を担うのか。それは「社員一人一人の強みを見出し、サポートすること」、そして「新たなビジネスを創造すること」。じつを言うと、これらは本来中間管理職がやるべき重要な仕事です。

管理職を任されている五十代のみなさんは、こうした変化を意識し、機敏に対応する力が求められると思います。

# ☑ 第1章のまとめ

- □ 仕事や働くことに対する、自分なりのスタンスを確立する。
- □ 自慢話はやめて、弱みをさらけ出す。
- □ 自分と違う意見に謙虚（けんきょ）に耳を傾ける。
- □ 真正面から苦難を受け入れて、コツコツ努力をする。
- □ 「私欲」を抑えて生きる。
- □ 「甘やかす」のではなく、「穏やかに」人と接する。
- □ 自分の話は我慢して、「聞き役」に徹する。
- □ 信頼されるに足る行動を自らとる。
- □ 他人メインから、自分メインの生き方に変える。
- □ 身の丈（たけ）に合った生き方をする。
- □ 単なる「思い込み」をしていないか、きちんと確かめる。
- □ 傷ついてもすぐ立ち直る「鈍感力（どんかんりょく）」を磨く。
- □ 技術革新を仕事に取り入れ、働き方の変化に対応する。

# 第2章

# 「仕事」から「人間関係」に軸足を移す

# 家族関係こそ「相手の立場に立つ」を厳守する

会社では率先してリーダーシップをとるのに、家ではまったく何もせず、家事も子育てもすべて妻任せという人がいます。

「男の仕事はお金を稼ぐことだ。子育てや家のことは妻に任せて、夫は仕事さえしていればいい」

そう考えているビジネスマンは少なくないかもしれません。しかし、私は「家庭」と「仕事」を別なものと考えるのはおかしいと思っています。なぜなら、「信頼関係を築きつつ、お互いに協力し合ってやっていく」ということは、仕事でも家族でも一緒だからです。

会社では、上司がいて部下がいて、複数の人間がチームを組んで仕事をします。チームで働いていれば、上司は部下に指示を出すだけでなく、疑問に答え、誤りを修正し、部下の話にすすんで耳を傾けるものです。

そうやって仲間どうし、足りないところを補いながら、協力し合い、理解し合う努力を重ねながら、信頼関係を築いていきます。このようなチームワークは、仕事では誰もが当たり前のようにやっていると思います。

ところが、「同じことを家庭でもやりましょう」となると、多くの人が躊躇してしまいます。「どうして家に帰ってまで会社と同じことをしなきゃいけないんだ」と不満に思う人さえいます。

でも、そういう考え方では、家庭生活はうまくいかなくなります。コミュニケーションをとらず、自分のことしか考えない人がチームを危うくするように、家庭もまた、夫婦が協力し合わなければしだいに危うくなっていくものです。

「決められた家事分担はこなしているし、やれと言われたことは文句を言わずにやっている」という人もいるかもしれませんが、あてがわれた仕事をノルマのようにやっていてはチームワークはとれません。

家族関係も仕事同様、それぞれの立場を気遣い、仲よく暮らせるよう配慮が必要なのです。仕事では気遣いや配慮をするけれど、家族に対しては気遣いも配慮もいらないと思っているとしたら、それは家庭人としてだけでなく、社会人としても失格です。私は、家族に対して、そのくらい高い意識を持ってほしいと思うのです。

私は、四十代の頃からの十年間、人に食事を作ってもらったことがほとんどありませんでした。自分の朝食は当然のことながら、妻や長男のぶんまで作らなければならず、仕事を終えて家に戻ったら、すぐに夕食の支度にとりかかるという生活を送っていました。

食事以外にも、掃除、洗濯、ゴミ出しなど、ほとんど家事全般をこなしてきました。五十代で取締役になり、仕事の忙しさはピークに達しましたが、家族に障害や病気のものがいる以上、家のことも私がやらなくてはならないと考え、私は「働く主夫」を続けてきました。

もともと家事は嫌いではありませんでしたし、私が幼い頃から母が勤めに出ていたため、身の回りのことを自分でやるのは少しも苦ではありませんでした。

なので、妻が入院して家事をやることになっても、「病気の妻に代わって家事をするのは夫の役目だ。自分が代わりにやっていることを、妻だって喜んでくれているはずだ」くらいにしか考えていなかったのです。

しかし、それは大きな誤解でした。

仕事、家事、子どもの世話、妻の看護……何もかもこなしていく私の行動は、妻に「自分などいなくても、夫がいれば家は十分回っていく」ということを突きつけていたようです。

よかれと思ってとった私の行動が、妻のプライドを傷つけ、存在をないがしろにしてしまっていたかもしれません。

妻はもともと料理上手で掃除・洗濯好き、家事育児に精を出す、主婦の鑑（かがみ）のような女性でした。でも、病気のせいで主婦としての役割の場を、いわば社会での自分の居場所を奪われてしまった。その喪失感、無力感たるやどれほどのものだったか、最悪の事態に直面するまで、私は気づけなかったのです。

仲間と良好なコミュニケーションがとれなければ、良いチームワークはできない。私はそのことを仕事ではいやというほど理解していました。それなのに、なぜ家庭でも同じことをやれなかったのか。家事に精を出すエネルギーを、もっと妻の心中を慮（おもんぱか）ることに使うべきだったと、深く悔やまれてなりませんでした。

だからこそ、言いたいのです。

家族も仕事と同様に、いやそれ以上に、相手への配慮が必要です。家族こそ「お互いの立場に立つ」という気持ちを、どうか忘れないでいただきたいと思います。

## 「家庭生活を最優先」にシフトする

「あなたは家族が大事ですか?」と聞かれると、たいていの人は「もちろん大事です」と自信を持って答えます。でも、「そうした家族を大切にする気持ちを行動で示していますか?」と問われると、言葉につまってしまう人がほとんどではないでしょうか。

行動で示さなくても、大事だと思う気持ちさえあればいい。長年暮らしていれば以心伝心、大事に思っていることを家族もきっとわかってくれているはずだ……そう考える人もいるでしょう。

でも、残念ながら、それでは本当に家族を大事にしているとは言えません。いくら頭で思っていても、行動で示さなければ相手には伝わりません。「この人は家族なんかどうでもいいのだ」と思われている可能性もないとは言えません。

ですから、あなたが本心から「家族は大事だ」と思っているなら、今すぐにでも態度で示すことをお薦めします。

何年間もずっと仕事一辺倒で、家族とのやりとりがおろそかにされた場合、絆（きずな）を取り戻そうとがんばっても、挽回（ばんかい）できないことは十分あり得るからです。

ちょっと前になりますが、『熟年離婚』というテレビドラマがありました。主演は渡哲也と松坂慶子。私は松坂慶子さんの大ファンで毎週欠かさず観ていたのですが、渡哲也扮する主人公の夫が、定年を迎えたまさにその日に、松坂慶子演じる妻からいきなり離婚届を突きつけられるという、同年代にとってはかなりショッキングなストーリーです。

結婚以来、夫は毎日朝から晩まで仕事仕事。出産にさえ立ち会わない典型的な仕事人間ですが、定年を迎えた日、彼は退社した足で海外旅行のチケットを二枚買い、奥さんへのプレゼントを買って、「明日から妻と新しい生活を始めよう」と、ルンルン気分で帰宅します。

ところがそんな夫に、家では妻が離婚届を用意して、待っている。夫にとっては何とも残酷なドラマですが、視聴者のなかには、このシチュエーションに共感した妻、驚愕（きょうがく）した夫も少なくなかったのではないでしょうか。

家族のために必死に働いてきたにも拘わらず、突然離婚届を突きつけられた夫は気の毒だと思います。でも、いくら家族のためとはいえ、仕事仕事で家族に関わらない状態が何年も続いたら、夫との間に大きな溝ができてもいたしかたありません。妻にしてみれば、家族を顧みない夫に嫌気がさすのは当然といえば当然です。

経営者のなかには、「自分はずっと仕事一筋に生きてきた。家族から文句を言われようと、仕事のためなら家族も生活のことも後回しにしてきた。自分はそれくらい仕事を大事に考えている」というようなことを、自慢げに吹聴（ふいちょう）する人がいます。

でも、私に言わせれば、そういう人は人の気持ちがわからない、無神経な人です。家族はともに生きるかけがえのない存在です。そんな家族に何ら配慮しない働き方など、ただの身勝手でしかありません。そのような人の気持ちに行き届かない人はトップに立つべきではないと思います。

精一杯働く。仕事に邁進（まいしん）する。それは素晴らしいことです。私自身そうやってずっと生きてきましたから、全力で働くことがいかに大切なことかよくわかります。

でも、いくら仕事が大事でも、会社での仕事はいつか終わります。そして仕事が終わった時、誰もが家族のもとに帰ることになります。そのことをよく理解したうえで、「仕事」と「家族」とのバランスをとるべきです。

私は、仕事では「事の軽重を知ることがタイムマネジメントの本質だ」と考えていますが、人生についても同じことが言えます。人生において何が一番重要なのか優先順位を考え、その順位にそって時間配分するのです。

例えば「仕事」が6、「家族」が3、「趣味」が1、だとしたら、「仕事」に注ぐ労力の半分を「家族」に注ぐということになります。これなら「家族を顧みない」ということにはならないはずです。

ところが、優先順位を考えずすべての労力を「仕事」に費やしてしまうと、「家族」がおざなりにされ、やがて夫婦親子関係に亀裂が生じることになります。

そうならないためにも、人生における「事の軽重」を見直す必要があるのです。そして、五十代では「仕事」から「家族」へ徐々に配分を増やし、定年に向けて「家族が最優先」へとシフトすることが望ましいと思います。

大事な家族のために仕事をしてきたつもりなのに、いざ仕事が終わってみたら、肝心の家族を失ってしまっていた……『熟年離婚』は、そんな仕事人生の悲哀を描きながら、最終回ではそれぞれが自立して歩むハッピーエンドでしたが、現実はおそらくそうはいきません。ハッピーエンドにしたければ、人生の重要度を熟慮し、自分の生き方を決めることが不可欠です。

# 「愛とは情ではなく責任」と心得る

作家のよしもとばななさんが、ご自身のブログに『ビッグツリー』を読んだ感想を書いて下さったことがあります。そのなかでよしもとさんは、

「彼（佐々木）にとって愛とはひたすら責任を取ること、人生とはひたすらに健全なもの。もし深く考えたら立ち止まってしまうので、考えずに命をかけて責任を取り続ける。……」

と書いていたのですが、これを読んだ時、私は「そんなこと、別に責任でやったわけじゃないんだけどな」と思っていました。

その後、ある講演会で話をした時に、参加者の女性から「佐々木さんは奥さんと離婚を考えたことがありますか？」と質問されたことがありました。私はそんなこと聞かれたこともなかったので、「一度もありません」と答えましたが、「なぜですか？」とさらに聞かれたので、とっさにこう答えました。

「だって、自分が望んで結婚したんでしょう。自分が選んだことなのに、そこでがんばら

なくてどうするんです？」

そうやって答えている時に、ふとよしもとさんの「愛とはひたすら責任を取ること」という言葉が頭をよぎりました。「ああ、なるほど、『愛とは責任である』とはそういうことなのかな」と自分自身で腑に落ちたのです。

愛とは責任である。一度結婚を決めて、子どもをつくったからには、ちょっと喧嘩した、ちょっと浮気されたくらいで「離婚します」は許されない。選んだ責任をまっとうするのが愛情である。私は、基本的にそう考えています。

もちろん、結婚生活がいいことばかりとは限らないのはよくわかっています。私自身、妻が自殺未遂を図った時は「オレのほうが死にたいよ」と弱音を漏らしたりもしましたから、「もうやっていけない」「離婚したほうがいいんじゃないか」と本気で悩むことがあっても決しておかしいとは思いません。

人の不幸というのは、体重や血圧のように計測できるものではありません。幸不幸の感じ方も人それぞれです。「一回の浮気でも絶対にいやだ」という人もいれば「三回くらいまでなら許せる」と考える人もいる。どう受けとめるかは本人が決めることで、他人がとやかく言うことではありません。

でも、そうはいっても、やはり家族への愛とは「無償の愛」であるべきだと思うのです。相手に見返りを求めない、無条件に相手を受け入れる。それが、「家族への責任をまっとうする」ということではないかと思うのです。

私がこう考えるようになったのは、母からの教えが大きく影響しています。私の父は私が六歳の時に亡くなりました。私は男四人兄弟の次男でしたが、母は二十八歳で未亡人になって以来、女手一つで四人の子どもを育て上げたのです。

父の死後、母は父の兄が経営する店で店員として働きました。朝は子どもたちがまだ寝ているうちに家を出て、夜は一〇時過ぎまで働き、お休みは盆と正月くらいのものでした。

しかし、そんな働き詰めの状態にも拘わらず、母は暗い顔をしたり愚痴をこぼすこともなく、いつもニコニコ笑顔で働いていました。そして辛いことがあった時には、「運命を引き受けてがんばろうね。がんばっても結果が出ないかもしれない。だけどがんばらなければ何も生まれないじゃない」と言っていました。

私は「運命を引き受ける」という母のこの教えに、どれほど助けられたかわかりません。長男の障害、妻のうつ病という困難が降りかかっても、家庭を放り出したり離婚を考えたりせず、前向きな気持ちで愛という責任をまっとうすることができたのは、母のこの教えがあったからなのです。

そして、「妻がうつ病になったのはしかたのないこと、子どもが三人もいれば一人ぐらい何かあっても不思議ではない。いろいろ考えても始まらない」と前向きに、楽観的に人生をとらえられたからこそ、覚悟して事に対処し、家族については無償の愛を知ることができたのです。


私は部下や知人から、たまにですが、離婚についての相談を受けることがあります。三十～四十代の場合ですと、「ちょっと待って。よく考えなさい」と浅薄(せんぱく)な行動をとらないようたしなめるのですが、五十五歳を過ぎたら話は別です。そういう場合は、たいていは離婚したほうがいいと思います。

五十代も後半となると、定年を視野に入れて人生を考えることになります。夫が働いて妻が専業主婦の場合、離婚すればもらえる年金の額が少なくなることは明らかです。にも拘わらず離婚を申し出るというのは、「経済的に辛くても別れたい、相当本気で別れたい」と思っているということです。

本気で別れたいと思っている相手に対して、あなただったらどうやって「責任をまっとうする」のでしょうか。あなたの良識と人間性が試されているのかもしれません。

# 信頼を得るために「リスペクト」を伝える

「親しき仲にも礼儀あり」と言いますが、このことわざは、他人よりむしろ家族にこそ当てはめて考えるべきだと私は思います。というのも、家族のような近しい間柄ほど、遠慮のない物言いや振る舞いをしてしまいがちだからです。

もちろん、気を遣わずダラッとしたり、水入らずで楽にいられるのも家族のよさですが、たとえ家族であっても、相手の立場を考え、最低限の節度やマナーは必ず守るべきです。

私は、家族の愛は「無償の愛」が当たり前と思っていますが、無償とは何をしても許されるということではありません。互いに身勝手な振る舞いを重ねれば、家族だって容易に関係は壊れます。家族は距離が近いだけに、一度崩壊したら、他人以上に関係修復が難しいものです。

でも、逆にマナーを守り節度を持って接すれば、もちろん絆は他人以上に深まります。悩んだり困ったりしたら、遠慮せずに打ち明け合うことができる。そんな家族関係を築くことができれば、こんなに心強いことはないでしょう。

では、家族とより良い関係を築くためのコツとは何でしょうか。

それは、相手を「リスペクトする」ということです。

とくに、夫婦間ではリスペクトの気持ちが不可欠です。夫婦がうまくいくかどうかは、リスペクトにかかっているといっても過言ではありません。性格はいろいろあるにしても、相手が自分よりも優れているところを見つけて、尊敬の気持ちをすすんで表すことがとても大事なことです。そもそも相手に何か良きところがあったから結婚したわけですから、それを大切にすることです。

例えば、私は妻が入院している間、朝食、夕食から子どもの弁当まで、こまめに料理を作りましたが、どれほどがんばっても妻の腕前にはかないません。味付けや盛りつけ方のセンスなど、やはり妻のほうが上手なのです。

何しろ、子どもたちに言わせれば、「お父さんの料理はエサだよ」(笑)。まあ、残念ながら、そのくらい美味しくなかった……。悔しいですが、料理のセンスについては妻をリスペクトせざるを得ないわけです。

「妻は料理ができて当たり前、そんなことリスペクトにはならない」と考えている男性もいるかもしれませんが、逆のことを言われたらどうでしょう。「夫は仕事ができて当たり前。リスペクトなんかしない」と妻から言われたら、相当気持ちがへこむのではないでしょうか。

私の場合、昔から兄弟仲がよく、とくに私は、兄や弟からいろいろな相談を受け、親族間を取り持つような役割を担うことも少なくありませんでした。

例えば、私の兄は結婚を決める時、相手の女性を私に引き合わせて、

「常夫、あの人をお前はどう思う？　お前がいいと思うなら、オレは結婚を決める」

なんてこともありましたし、兄夫婦が喧嘩した時も私が呼び出され、互いの言い分を聞いて元の鞘（さや）に収めたりもしました。兄にしてみれば「困った時の常夫」頼みというわけです（笑）。

また、弟が病気になって手術をする際も、最初に私に連絡をくれ、手術のための医者との面談の立ち合いを頼まれたこともありました。

なぜそういう役回りなのか、とくに理由はわからないのですが、私は昔から家族のことを優先しようと考える気持ちが強かったために私を頼りにしてくれた、ということなのかもしれません。

でも、結婚してそれぞれが所帯を持つと、本人どうしが仲よしでも、奥さんどうしの相

性によって良好な関係に影が差すこともあります。うちでも、誰が母親を引き取るかをめぐって、兄弟が対立してしまったという残念なこともありました。

私がそれとなく仲介役に入って、「まあまあ、いいじゃないの」となだめ、和解するよう取りなしましたが、兄弟の不仲は避けるに越したことはありません。

五十代以降は、親の世話、病気や入院、誰と一緒に暮らすか、それに関わるお金のことなど、「骨肉の争い」に発展しかねないデリケートな問題を抱えやすい時期でもあります。

仲のよかった兄弟姉妹が、親の世話や財産相続をめぐって、裁判沙汰の泥仕合を繰り広げる。そんなケースも今や決して珍しくありません。

「まさかウチではそんなことは起こらない」と高を括らず、ふだんから親子、兄弟、夫婦どうし、尊敬できるところを見つけ出し、積極的にリスペクトし合うよう心がけてみて下さい。

# 「愛してる」を手紙に書いて渡してみる

日本人はどうも「コミュニケーションを取りつつチームでやる仕事」がうまくありません。意思の疎通(そつう)をきちんと図らず、「あうんの呼吸」「言わなくてもわかっているはず」という前提で物事をすすめてしまいがちです。

私は課長時代、ムダな会議を減らす一方で、そのテーマに関連する人だけ集めての少人数ミーティングを何度もやりました。

コミュニケーションが不十分だとミスが起きる可能性がありますし、思い込みによるすれ違いやムダを生むことがあります。

ミスやすれ違いが頻発(ひんぱつ)すれば、能率が下がるだけでなく信頼関係にもひびが入ります。信頼関係に支障が出れば、さらに仕事の能率が低下するという悪循環に陥(おちい)りかねません。

これを防ぐには、「わかっているはず」という思い込みを捨て、こまめに確認や情報交換し合う習慣が必要です。そうしたことが仕事をスムースに運ぶことにつながります。

家族も同じです。「家族は一緒に暮らしているからお互い大体わかっている」と思うかもしれませんが、なかなかそうはならないもの。学校でいじめにあっている子どものことを、一番すぐそばにいる親が気づかない、ということはよくあります。

しかし、自分が手がけている仕事、体調、気になっている親兄弟のことなどを、ふだんから折に触れ話しておけば、何か問題が起きても、適切に対応することができます。

言いにくいことや面倒くさいことほど、あえて触れなかったりフタをかぶせたりしてしまいがちですが、日頃からそういったことを話しておけば、誤解や衝突を最小限に止められます。

例えば、親と同居あるいは別居しなければならないとなった時、ふだんから自分の事情や気持ちを示しておけば、不本意な部分があっても、相手は「まあ、いたしかたない」という気持ちになります。

しかし、何の前触れもなくいきなり「こうしてくれ」と切り出されれば、当然相手は困惑します。相手から感情的に責め立てられ、困り果てるようなことがあるかもしれませんが、それはコミュニケーション不足が招いた結果です。日頃の行いの積み重ねを反省しなければなりません。

とはいえ、なかには「時間がすれ違ってなかなか家族と話す時間がとれない」「重い話ほどどうしても切り出せない」という人もいると思います。

そんな人には、「手紙」を書くことをお薦めします。

私も子会社に左遷(させん)されるまでは、家族でじっくり会話するような時間をほとんど持つことができませんでした。それこそ、他愛ない話をする余裕さえないほどでした。

そんな状況にも拘わらず、何とか家族崩壊せずにやってこられたのは、ときどき妻や子どもたちと手紙でやりとりしていたからだと思っています。何かがあるたび、私たち家族は手紙を書き合っていました。

手紙に書くと、あらたまって言いたいこと、口に出すとテレくさいようなことも恥ずかしがらずに伝えることができます。それに手紙は口頭と違い言葉を選びますから、丁寧に本心を伝えることができるのです。

また、その時には理解できなくても、時間をおいて何度か読み返すうちに理解できることもありますし、もらった手紙がいざという時の心の支えになるということもあります。

私には、家族の困難をともに支えてくれた美穂子という長女がいますが、家族や友人のことで彼女も一時精神不安定になり、自殺未遂を図ったこともありました。

幸い大事に至らず、不安定だったのも一時期ですみましたが、大きな衝撃を受けた私は、そのことに気がつかなかったことに対する申し訳なさと、生きる気力を取り戻してほしいとの願いをこめて、美穂子に宛ててすぐさま手紙を書きました。

〈……お父さんが今までたくさんの人たちとつき合ってきて、あなたほどお父さんが愛した人はいません。あなたの性格、大ざっぱなようできめ細かく、大胆なようで繊細な、そんなあなたの本質はお父さんが一番よく理解しているつもりです。何よりもあなたの生き方がお父さんは大好きなのです。……〉

今読み返すと気恥ずかしいですし、「愛してる」なんて本人を前にはとても言えませんが、数年後、長女がこの手紙を自分の手帳に挟(はさ)んでいるのを見つけた時は、私の愛情がストレートに伝わっていたような気がして、涙が出るほどうれしい気持ちになったものです。

最近は、メールやSNSで会話する親子も少なくないと思いますが、手紙ならこんな形で残すこともできます。

ちなみに、長女へのこの手紙を書いたのは会社の資料の裏紙。娘の一大事に慌てふためき、便せんを使う余裕すらなかった父の狼狽(ろうばい)ぶりも、美穂子は受けとめてくれていたのかもしれません。

# 手のかからない子ほど、対話をもつ努力をする

どの子も同じように、平等に育ててきた。複数の子を持つ親御さんの多くは、そう思っていると思います。しかし、平等に育てるということは基本的にあり得ないと私は考えています。

同じ親から生まれて、同じような条件で育てられても、同じような子どもに育つということはありません。たとえ小さくても、子どもだって個性を持った人間です。人間はみなそれぞれですから、生まれもった個性やクセが必ずあります。

元気だけれど落ち着きのない子もいれば、いるのかいないのかわからないような大人しい子もいます。聞き分けがいい子もいれば、言うことをきかず叱られてばかりの子もいます。

親にとって、言うことを聞く子や手のかからない子は、当然「かわいい」と感じることが多いと思います。それに対し、ちっとも言うことを聞かない、手がかかってしようがな

い子はやっかいだと感じます。その子の親にしてみても「かわいくない」と思ってしまうのはごく普通のことでしょう。

親も人間ですから、好き嫌いがあります。「この子は好き」「この子は苦手」など、感じ方に差が出るのはしかたがないことですし、感じ方に差が出ればおのずと接し方も違ってきます。「平等はなかなか難しい」ということになるわけです。

でも、たとえどんな子どもであっても、親がその子をどう感じようと、子どもに「不平等だ」と感じさせるような子育てをしてはいけません。

「お父さんは弟ばかりかわいがっている」「お母さんはお姉ちゃんばかりかわいがっている」などと子どもに思わせるのは避けるべきことです。接し方は違っても、注ぐ愛情は平等だと子どもが感じるよう、親は十分配慮すべきだと思います。

その点でいうと、じつは私は大いに反省しています。長男にばかり気持ちを向けてしまい、次男や長女をほったらかしにしてしまったからです。

我が家は長男が自閉症という障害があったため、私たち夫婦の関心のほとんどが長男に注がれていました。

自閉症は、一〇〇〇人に約三人が発症すると言われる先天性脳機能障害の一種で、コミュニケーションが容易にできない、慣れない場や状況では大きな不安や混乱を感じるなどの症状があります。

身体上の障害はなく、高校までは何とか進学できましたが、中学ではいじめを受けたり、幻聴(げんちょう)のせいで奇妙な行動をとったり、突然暴れて外に飛び出したりなど、障害に伴うトラブルが次々と襲いかかりました。私と妻は、長男が生まれて以来、ずっとこの障害と戦い続けてきました。

次男や長女は、長男の障害のことも、そのせいで両親が長男にかかり切りにならざるを得ないことは頭では理解してくれていましたが、両親の愛情がすべて長男にとられてしまっていることを淋しいと思わないわけがありません。

「障害児を抱える親が気をつけなければならないのは、実は障害がないその兄弟へのケアである」ということを知ってからは、二人の子どもたちそれぞれと時間を持つようになりましたが、ほったらかしにしてしまった期間は決して短くはありません。そのことを私は今でもすまないと思っています。

とくに、三番目に生まれた長女にはかなりの負担を強いてしまいました。

彼女はユーモアのある天真爛漫(てんしんらんまん)な女の子でしたが、繊細で傷つきやすく、他人への気遣いも人一倍強い子どもでした。

妻が肝硬変で入院した時、長女は小学五年生でしたが、私が仕事と家事で忙しそうにしているのを見て、食事作りを手伝うようになりました。小学生なのに、料理の本を見ながら味噌汁やカレー、煮物、炒め物などさまざまな料理を作るようになりました。

料理以外にも、長男の世話、買い物、引っ越しの手伝いなど、私の頼みに応じてこまめに手伝ってくれました。親にとっては、たいへん心強いサポーターでしたが、彼女にしてみれば「もっと親に甘えたい」と感じたこともあったにちがいありません。


五十代は、成長した子どもの姿を通じて、親としての評価が下される時期でもあります。「どのような子育てをしたか」は、子どもがどんな人間に成長したかを見れば一目瞭然(いちもくりょうぜん)です。いい子育てをしたかどうかの判断は、親ではなく、子ども自身が決めるものなのです。

では、私自身はどんな子育てをしたのか、子どもにどんな評価を下されたのでしょうか。

妻の回復後に書かれた美穂子の手記によれば、

「父には努力賞をあげたいです」

佐々木家を支えてくれた「戦友」からの、何よりうれしい褒(ほ)め言葉です。

# 十八歳を過ぎたら、子どものことには介入（かいにゅう）しない

子どもも十八歳を過ぎればもう大人です。いつまでも子ども扱いせず、一人前の大人としてつき合うべきですし、健康に問題がなければ、一人暮らしするなり、寮に入るなり、親元を離れて暮らすのが望ましいと思います。

最近は少子化の影響もあってか、必要以上に子どもの世話を焼きたがる親が多いようですが、十八を過ぎても「うちの子は心配でとても一人立ちなんてさせられない」と感じるなら、それは「親がわが子に一人立ちできる力を与えてやれなかった」ということです。ですから、もしもあなたがわが子を「十八になっても一人立ちできない子」にしてしまったなら、今からでも自分の教育を謙虚（けんきょ）に見つめ直すべきです。子どもを親元に置いておくのも結構ですが、いつまでも親が面倒を見ていたら、精神的にも経済的にも自立できず、なにかと他人を頼る人間になってしまいます。そんな子どもが結婚でもすれば、苦労するのは明らかです。

そんなことにならないためにも、子どもが十八を過ぎたら、

「そろそろ家を出て一人立ちしなさい」

と言ってみることをお薦めします。

まだまだ子どもだと思っていたわが子が、「おや？」と思うくらい大人だった……そんなうれしい気づきもあるかもしれません。


十八歳で一人立ちできる子どもにするには、十八歳までに親がすべき責任をきっちり果たさなくてはなりません。生活習慣はどうか、自立した考えを持っているかなど、子どもが問題なく成長しているかどうか見守ってやる必要があります。

ただし、親は「子どものため」と言いながら、親の「希望」を子どもに押しつけていることが少なくありません。「希望」の押しつけになっていないかどうか、自分の言動に注意を払うことも重要です。

また、いくら子どもを見てやる必要があるといっても、四六時中子どもに付きっきりで勉強を見てやるわけにはいきません。その子どもがどの程度の学力なのか、何が苦手で何が得意なのかを見極め、その子のレベルにあった無理のない対応や評価をしてやるようにしたいものです。

例えば、私の次男は小さい頃から手のかからない子で、親が勉強を見てやらなくても、常にトップクラスの成績をおさめる優等生でした。進学した高校も、地域ではレベルの高い有名校でしたので、親としては何の心配もいりませんでした。

ところが、高校に入るとラグビーに夢中になり、すっかり勉強しなくなってしまいました。大学受験したものの、受けた大学はすべて不合格。浪人して、一人暮らしをさせましたが、毎日遊び放題で勉強どころではない生活を送るという有り様でした。

こうなると、さすがの私も黙ってはいられません。「何をやってるんだ！　もう一人暮らしはさせない。実家に帰ってこい」と叱りつけると、次男は「真面目にやるので、このまま一人暮らしさせて下さい」。とりあえず次男を信じて様子を見たところ、まじめに勉強を始め、次の年の受験では受けた大学すべてに合格するという結果を出しました。親としては「やれやれ」といったところです。

一方、長女のほうは、次男ほどの成績ではありません。私なりに勉強を見てやり、「こうしてみなさい」とアドバイスするのですが、「はいはい」と返事ばかりよくていっこうに成績が上がらない（笑）。

困ったものだなと思わなくもありませんでしたが、自分の学力で入れる学校に入り、友だちをつくって楽しく通学していましたから、それはそれで何の問題もありません。長女は家のことを率先して手伝ってくれていましたから、私としては文句のつけようもない、いい娘に育ってくれたと感謝したい気持ちでいっぱいです。

うちでは長男に障害があったため、次男と長女の子育てについては、至らない部分があったのは否めません。「もっとこうしてあげればよかった」という悔いがないといえば嘘になるかもしれません。

でも、「良いところを見つけて褒(ほ)める」「劣っているところには目をつぶる」ということについては、部下を育てるのと同じように、私なりに精一杯努力し、子どもの個性や希望を尊重するよう心がけてきました。

その一方で、「人に会ったら挨拶をすること」「悪いことをしたら反省して謝ること」などの礼儀、人としての基本については徹底的に教えました。礼儀正しさに個性は不要です。できなければ厳しく叱責し、強制的にでも身に付けさせる必要があると私は考えています。

「十八歳になったら大人として認める」ためには、時に心を鬼にして、叩き込むべきことは叩き込まなければなりません。

「人が生きていくうえで欠かせないこと」が身に付いて初めて、子どもは自立への一歩を踏み出せるのです。

## 「自分の生き方そのもの」が親子関係に反映される

私は「十八を過ぎたら、わが子の人生には介入しない」と考えていますから、子どもがどんな職業に就こうと、どういう人とつき合おうと、よけいな口出しをしないようにしてきました。

そのせいか、わが家の子どもたちは世間一般の常識に捉われず、我が道を行くマイペースなところがあります。長女はエステサロン、次男はネイルサロンと眉毛サロンをそれぞれ経営していますから、大きな組織で働くより、小さくても自分の城を持つ「一国一城」の主タイプなのかもしれません。

普通の会社の企業戦士だった私とは、働き方も仕事に対する価値観も大きく違うところがありますが、二人とも仕事やプライベートについて、いろいろなことを相談してくれます。

とくに長女の美穂子は、どういう男性とつき合っているか、その後どんなふうになったかなど、普通、親には話さないような恋愛話もオープンに話してくれます。寿司屋でお酒を飲みながら語り合っていた時など、店の人から「本当に親子ですか？」と驚かれたことさえあるほどです。

美穂子は娘には違いありませんが、ともに家族を支えてくれた「戦友」でもあり、親子というよりは「同志」に近い感覚があります。親子らしくない会話が普通にできるのも、「同志親子」という関係性ゆえかもしれません。

そんな美穂子が、一度別れてしまった恋人とよりを戻し、結婚することが決まった時、私は飛び上がるほど喜びました。というのも、私は初めて会った時からその青年をとても気に入っていて、娘が彼と結婚すればいいのにとずっと思っていたからです。

ところが、そんな私の願いも空しく二人は破局。がっかりしていると、別れた彼から私宛にメールが送られてきました。

そのメールには、娘と別れることになったこと、今でも娘を愛していること、私や私の家族も大好きだったこと、私と二人で一度ゆっくりお酒が飲みたかったこと、そして最後に、自分がメールしたことを娘には内緒にしてほしい……そんな内容が丁寧に書かれていました。

「どうしてこんないい青年と別れたんだ。このバカ娘……」

私は内心、娘に向かって毒づいていましたが（笑）、それがなんとなんとその六年後、私が骨折して入院したのをきっかけに、二人はよりを戻します。

何でも、私が美穂子の夢のなかに現れて「隣の病室に彼がいて困っているから手を貸してあげなさい」と言ったそうで、美穂子はその夢に後押しされて彼と再会し、その十日後に婚約するというドラマのような展開があったのです。

娘のサロンが私の家に近いということもあり、また夫になった青年は、「じつの父親よりも気楽に話せて楽しい」と言ってくれて、私と同居してくれました。娘がいない夜でも、彼と二人で焼酎やビールを飲みながら、こんなことがあった、あんなことがあったと、杯（さかづき）を重ねながらいろいろな話をします。

そんなふうに娘婿と過ごす時間の、何と楽しいことか。

子どもの連れ合いと酒を酌（く）み交わすことがこれほどうれしいとは、経験するまでわかりませんでした。

キングスレイ・ウォードは、ベストセラーとなった著書『ビジネスマンの父より息子への30通の手紙』のなかで、

「結婚を気軽に考えてはいけない。結婚は自らを投入する重大な投資である。幸福な結婚

は人生の支えになるので、その価値は計り知れない一方、不幸な結婚の招く損失も計り知れない」と書いています。

たしかに、結婚による得失は大きく、万が一失敗すれば精神的にも経済的にも大きなダメージを負うことになります。しかし、逆に良い結婚をすることができれば、自分の家族だけでなく、連れ合いの家族、そのまた親族と、気の合う仲間すなわち「人生の支え」をどんどん増やすことができます。

結婚して子どもが生まれ、その子どもたちが結婚して連れ合いを得て、義理の息子や娘、その兄弟や両親が喜んで自分の回りに集まってきてくれる……平凡でささやかなことですが、その平凡であることに無上の喜びが感じられることこそ、結婚がもたらす「計り知れない価値」ではないかと思うのです。

そして、人生そこに至るには、自分がどのように生きてきたか、家族とどう向き合ってきたか、自分の生きてきた人生そのものが問われるような気がするのです。

親子関係、あるいは家族関係は、その人の人生を如実(にょじつ)に映し出す鏡のようなものかもしれません。

## 自分の母親を「一人の女性」として尊重する

親にとって、子どもはいくつになっても子どもです。子どもが五十代になっても、親は何かと気をもむものですし、子どもが失敗でもしでかせば、口うるさく説教したがります。

一方、子どものほうは、親に子ども扱いされることをいやがります。もういい歳なんだから親の忠告なんか必要ない。五十代にもなれば、社会的にも精神的にも自分のほうが親より成長している。そう思っている人は少なくないはずです。

でも、本当にそうでしょうか？

親よりも自分のほうが成長しているのでしょうか？

案外多くの人が、本当の意味で「親離れ」できていないのではないかという気がします。

それに気づいたのは、私の母に再婚話が持ち上がった時のことでした。

二十八歳で夫を亡くして以来、女手一つで四人の子を育ててきた母に再婚話が持ち上がったのは、母が四十六歳、私が二十四歳の時でした。

再婚相手は造り酒屋の跡取りで、母が生まれ育った秋田県象潟町（きさかたまち）の町長をしている男性でした。母と再婚する三年前に連れ合いを亡くし独り身でしたが、母のことを気に入り、ぜひ再婚したいと考えたようです。

彼は、私たち兄弟を前に正座し、「私はみなさんのお母さんが欲しいのです。私にお母さんを下さい」と礼儀正しく頭を下げてくれました。その率直な態度に私はたいへん感動し、「この人とだったら母はきっと幸せになるだろう」と思い、すぐに賛成しました。

「母を差し上げます。よろしくお願いします」

ところが兄や弟は、最初はなかなか素直に賛成しません。なぜ賛成できないのか、やはり母が女として他の男と一緒になることを心から喜べない、息子として抵抗を感じるということのようです。

「母は母である前に一人の女性だ。女性として幸せを掴（つか）む権利がある。母の気持ちや人生を考えてあげるべきだ」

私は兄弟にそう主張しました。もちろん兄や弟も、私と同じくらい母を愛していましたが、息子として母親を思うことと、「一人の女性」として母親を見ることとは、まったく別のことのようでした。

母親の再婚に対して、複雑な思いが拭えない気持ちはわからないではありません。でも、社会人になった一人前の男は、母親を一人の女性として見るべきだと思います。親にとって「子どもはいつまでたっても子ども」であるように、子にとって「親はいつまでたっても親」なのかもしれません。しかしその反面、子どもがいつまでも子ども扱いされたくないように、親もまた、いつまでも親扱いされたくない、親ではなく一人の人間として見てほしい、そう思うことだってあるはずです。

私は、物心ついた頃から、他の兄弟とは違った視点で母親を見ていました。高校生の頃から、母を母親というより一人の女性としてとらえていましたし、母もまたそんな私の視線を感じ取っていたのか、私にいろいろな話をしてきました。

自分の娘時代のこと、仕事で苦労したこと、友人のこと、昔の恋人のこと。果てはその人からもらった手紙や自分が作った恋の歌まで見せてもらったことがあります。私が学生だった頃、母はずっと秋田で一人暮らしでしたから、そのような話をする相手、ましてや男性の話ができる相手など、まずいなかったでしょう。

ですから、私が帰省すると、「久しぶりに初恋の人と会った」というような話を目をキラキラさせながら話すのです。ちなみに、母は初恋の相手に私のことを話していたらしく、何と初恋の相手から私宛に手紙がきたこともありました。息子というより、まるで兄弟か友だちのようですよね（笑）。

再婚する少し前の夜も、母は不安げに、微笑ましい相談をあれこれしてきました。

母「とっておいたラブレターや写真、嫁ぎ先に持っていってもいいかしら？」

私「だめだめ。持っていっちゃだめ。没収」

母「私は女性として大丈夫だろうか。あの人に愛してもらえるだろうか」

私「あなたのことが好きで結婚してくれと言ってきたんだ。愛さないわけがない」

こうなると、もはや「嫁入り前の娘を送り出す父親」の心境です（笑）。

自分の親とこんな関係になる人はそう多くはないかもしれませんが、親子という関係を離れ、一人の男と女として客観的に向き合うと、互いの風通しがよくなり、より深く、相手を理解することができます。

親である前に、子どもである前に、一人の人間という視点で親を見てみる。次に親御さんに会う機会があったら、そんな「親離れ」を試してみて下さい。

## 「親の健康」「嫁姑問題」には積極的に介入する

高齢の親と子の関係は「老いては子に従え」が望ましいと思います。「歳をとったら何事も子どもに任せて、それに従うのがいい」ということですが、これは子どもの側からすると「子どもは高齢の親の生活には責任を持って関与すべきだ」ということになります。

金銭的なことや健康のことで困っていることはないか、親の様子をさりげなく見守り、解決すべき問題があると察した場合は、たとえ鬱陶しがられても、有無を言わさず介入すべきだと思います。

私の場合、父親は六歳の時に亡くなり、母も七十五歳で他界しましたから、面倒を見るべき親はもういません。でも、もしも親が生きていたら、身体や病気のことなどについては、あれこれうるさく介入したと思います。そうすることが、間違いなく親のためになるからです。

私の母は、義父の死をきっかけに入院生活に入りました。義父が急死したことに力を失くし、やや認知症気味になってしまったのです。しばらくは義理の息子に世話をしてもらい、その後は私の兄弟が面倒を見るようになりました。

母は、「常夫のところに住みたい」と思っていたようですが、私は自分の家庭がたいへんだったこともあり、母の意に沿ってやることはできませんでした。そのことは、私にとって大きな負い目であり、母に対しても兄弟に対しても、申し訳ない思いです。

母は認知症だけでなく糖尿病も進んでいたため、自力で食事することが困難になり、チューブで栄養を採り入れる状態でしたが、息苦しそうに永らえている様子はとても痛々しいものでした。

そして最後はだんだん自分がわからなくなり、自分の子どもたちもわからなくなっていきました。

結婚して子どもを育て、再婚して夫の政治活動や商売を支えるなど、母は人の二倍も生きたわけですから、思い残すことのない充実した人生だったと言えるでしょう。ただ、この終末期の医療については、率直に言って「もう十分生きたのだから、苦しい思いをさせてまで延命措置(そち)はとりたくない」という思いがありました。

一日でも長く生きていてほしいという兄弟の意向を尊重しましたが、自分自身が逝く時は、母のような延命治療は受けまいと考えています。

健康面とは少し別の話になりますが、「親と連れ合いの相性が悪い」といった問題についても、子どもはできるだけ関与し、解決を図るべきだと思います。

例えば嫁姑問題。トラブルが起きると、面倒がって及び腰になったり、「我関せず」を決め込む男性も少なくないようですが、両者がうまくやっていけるよう仲を取り持つのは夫の大切な役割です。厳しいことを言うようですが、嫁姑問題が悪化するのは多くの場合、夫に責任があると私は思います。

血もつながらない、育った環境も違う者どうしが家族同然につき合うわけですから、合わないことが生じるのは当然のことです。その前提に立って、妥協点を探るべく両者の言い分を聞いてあげれば、それだけでも両者のストレスはだいぶ解消されるはずです。両者が互いに歩み寄り、気分よく過ごせるよう調整する手腕を、男性は身に付けてほしいと思います。

また、みなさんのなかには、「高齢の親との同居を考えている」という人もいるかもしれませんが、はっきり言って、私はあまりお薦めしません。

「一人でおくのは心配。親のためにも家族に迎え入れて同居させたい」と考えるのも人情ですが、一緒に暮らすというのは、口で言うほど簡単ではありません。

同居すれば必ず何らかのストレスが生じます。高齢になってストレスに悩まされるくらいなら、多少淋しくても一人暮らしをさせたほうがよほど気楽ですし、親孝行です。人は死ぬ時は一人で死ぬのですから、一人に慣れておくのも大切なことなのです。

私は「親にうるさく関与すべきだ」と言いましたが、依存させるような関与の仕方はよくありません。関与するのはあくまで親が自立し、健康に生きられるためなのです。

高齢の親の面倒を見る上で大切なのは、子どもがどんな気持ちで親のことを見ているのか、どの程度親を思ってくれているか、ということです。

「この子は自分を大切にしてくれている。自分のためを思って言ってくれている」ということが伝われば、たとえ別々に暮らしても、なんとかなるものです。「老いては喜んで子に従ってくれる」のではないでしょうか。

## 「友情」は積極的に手入れをする

五十代では、家族だけでなく、友だちとの関係を見直すことも重要です。家族に話せないことを聞いてくれたり、落ち込んだ時に励まし合えたり、友だちの存在は人生を支え、時に大きな慰めになります。生涯の友を持てるか持てないかで、人生の豊かさは大きく変わるといってもいいでしょう。

にも拘わらず、わりあい多くの人が、友情に対しておざなりです。友だちなんていて当たり前、放っておいたって縁が切れることはない、そう思っている人も少なくないかもしれませんが、それは残念ながら心得違いです。

友人との関係は放置しておけば疎遠になり、いずれは潰えます。積極的に手入れをしなければ、友情はさびついて輝きを失うのです。「便りがないのは良い便り」と言いますが、五十代を超えたら必ずしも「良い便り」とは限らなくなってくるものです。

ですから、「誘われるのを受け身で待つ」のではなく、自ら行動を起こして、積極的に友情の手入れをすることをお薦めします。

年賀状や手紙を書く、メールする、電話する……どんなやり方でも構いません。「あの人は元気だろうか」「あいつどうしているかな」と思う人には、すすんで近況報告をしてみましょう。


私が最も長く深くつき合っている友だちは、東大駒場寮のワンダーフォーゲル部の仲間たちです。毎日の寮生活でのつき合い、奥多摩、秩父、八ヶ岳など、毎月のように一緒に山登りしていましたので、このワンゲルの仲間たちとは兄弟のように仲が良かったものです。


しかし、卒業した後はみな就職して私は大阪勤務になりました。それから十八年間がたちましたが同窓会は一度もありませんでした。私が東京勤務になったのをきっかけに、同窓会をやろうと呼びかけ、みんなで東レの社員クラブに集まることにしました。

何しろ十八年ぶりですから、どのくらい集まるのか、どんな集まりになるのか想像もつかなかったのですが、東京にいる連中を中心に、岡山、四国、大阪と全国各地から懐かしいメンバーたちが続々とやって来ました。

参加者は総勢二十五人くらい。夕方の六時に集合と言ったのに、気の早い人は二時間も早い四時に乗り込んできました（笑）。一八時からの宴開始前、東レの応接間で、みんなでワイワイ盛り上がりましたが、盛り上がりすぎて大騒ぎしてしまい、応接室の受付の女性から「静かにして下さい」なんてお叱りを受けてしまいました（笑）。そのあと深夜に及ぶまで宴が盛り上がったことは言うまでもありません。

でも、これだけみんなが喜んで盛り上がるのだから、今後もやらない手はありません。そこで私はみんなに宣言しました。

「来年以降もみんなで集まろう。今日と同じ、二月の第四金曜日。場所はここ、東レの社員クラブ。連絡がなくても必ず開催するので集合すること」

この同窓会は呼びかけ人である私の名をとって「佐々木会」と呼ぶ人もいて、その後二十六年間、毎年欠かさず開催されています。

「連絡がなくても集合」とはいえ、日時が近づいたらもちろんメンバーには知らせるのですが、みなとても楽しみにしてやって来るので、この同窓会はおそらく私が死ぬまで開催されるでしょう。

このように、十八年も離れていたのに一度呼びかけたらみなが続々と集まったのは、四年間学生寮で寝食をともにした絆の強い仲間だから、という理由もあるかもしれません。

たとえどれほどの歳月がたっても、ひとたび顔を合わせたら一瞬で昔の仲間に戻ることのできる友情の強さは、本当にかけがえのないものだと思います。

でも、そんな強い絆も、こうやって呼びかけて行動に移さなければ、何も起こりません。かけがえのない宝である友情の絆を維持できるよう、自ら行動する必要があるのです。

『ビジネスマンの父より息子への30通の手紙』を著したキングスレイ・ウォードは、友情について、「このすばらしい人間の結びつきのなかで最高のものは、たいてい夫婦の間の友情である。願わくは、君の二番目に強い結びつきは、君と君の子どもたちの間の友情であって欲しい。」と語り、血縁や結婚によって結びついた人々の間の友情が失われることは悲劇であると言います。

夫婦や親子も、血縁であると同時に、固い友情で結ばれた友であるべきだというわけです。「妻に仕事の悩みなんか相談できない」と考える人もいるかもしれませんが、奥さんとの間に友情を育み、悩みや喜びをお互いに聞き合うことができたら、これほどすばらしいことはないのではないでしょうか。

妻や子どもとの友情なんて、若い時には想像すらできなかったかもしれません。でも、五十代は、家族との友情を温めてみるチャンスです。積極的な手入れを怠らず、「友としての家族」を楽しんでみてはいかがでしょうか。

# 「他人の長所」をとことん探す

家族にしろ友人にしろ会社の人にしろ、私は「今自分の周囲にいる人」に対して、真摯に向き合っていくことが大切だと思っています。この広い世の中で、何かの縁でつながり、関わり合うことになったわけですから、知り合った縁を大事にし、その縁をより良いものに変えていくべきだと思うのです。

五十年近く生きていれば、誰しもそれなりの人とのつき合い、人脈はあるでしょう。でも、「自分が本当に信頼でき会いたい人」は、果たしてどのくらいいるでしょうか？　自分から声をかけて相談したり、どこかへ一緒に行ったという人の数は、十本の指にも満たないのではないでしょうか。

例えば会社で同じ部署になっても、親しくなるのは十人のうち一人か二人、異動で部署が変われば、せっかく親しくなったその人とのつき合いも途絶えてしまう……そんな薄い人間関係を、多くの人がくり返しているのではないかと思います。

でも、それはとてももったいないことです。「この人はいい人だ。自分と合う」と直感できる相手は、人生にそう多くはいません。せっかく出会えた縁を大切にして、その後も長くつき合っていける関係を丁寧に育むべきではないでしょうか。

「縁を大切にする」のは、何も「性格が合う人」に限ったことではありません。たとえ性格や価値観が違っても、自分にとって非常に助けになる、頼りになると感じたら、私は自ら進んでつき合うようにしています。

また、仕事や親戚関係では、煩わしくてもつき合っていかなければいけない、避けては通れない関係もありますが、そういう場合はがまんしてやり過ごすのではなく、相手のいいところを見つけてつき合うようにするといいでしょう。

煩わしいといっても、本当に悪い人、いやな人間というのは、滅多にいません。フィーリングが合わないというだけの話で、よく見てみれば、その人にはその人のいいところが必ずあるはずです。

「この人はこういう人だ」という思い込みをやめて、冷静に全体像を見渡せば「煩わしいのは一部だけ」だときっと気づきます。「こちら側から見るとこう、でも全体を見渡せばそうでもない」という大局的な見方を身に付け、第一印象で人を決めつけないしなやかな五十代になってほしいと思います。

第一印象というのはとても重要で、「第一印象が悪いイコール悪い人」と判断しがちですが、どんな人でも「つき合って損をする」ということはありません。場合によっては、第一印象とはまったく違ったものを持っていることもあります。

例えばかの坂本龍馬は、敵も含め人を憎んだことがなく、誰からも学ぼうとする素直で貪欲（どんよく）な性格の持ち主だったと言われていますが、そんな龍馬の性格を表すエピソードとして知られるのが勝海舟との出会いです。

龍馬は最初、「ことによったら斬ってやろう」くらいの勢いで勝に会いに行ったけども、話をするうちに「この人にはまったくかなわない、弟子になろう」と感じて弟子入りしてしまった、と言われています。

敵と思っていた相手を師匠にしてしまう……これくらいの気持ちで人づき合いをすれば、すべての人間とうまくやっていけそうな気もしますが、残念ながら、すべての人とうまくいくというわけにはいきません。

どうしても自分に合わない人というのが、全体の二割くらいは出てきてしまうものですが、それについては仕方ありません。無理にうまくやろうとせず、「仲よくできる人が八割いれば上等」くらいに考えておけばよいのではないかと思います。

互いに愛し合い、互いを選んで結婚したはずの夫婦でさえ、いつまでもすべてが合うというわけにはいきません。長い年月を一緒に暮らすうちに、しだいに気持ちが変わり、「好きなところが八割」から「嫌いなところが八割」になってしまうケースも少なくはないでしょう。

私もかつて妻から「結婚当初からあなたとは生き方、考え方が異なっていた。離婚も考えていた」ということを言われ、「なぜこんなに溝ができてしまったのだろう」と愕然（がくぜん）としたことがあります。それほどまでにすれ違い、心が離れてしまった時期がありました。しかし、それでもなお、あきらめずに家族と向き合い続けた末に、妻から「あなたの献身的な対応が妻としての自信を取り戻させてくれた」「あなたからは親よりも深い愛情をもらった」と言ってもらえた時には「きちんと向き合ってきてよかった」と感じたものでした。

何があっても、とことん良いところを見て、とことん良い方に考える。家族の愛も人との縁も、そうやって育てていくものではないかと思います。

## ☑第2章のまとめ

- □仕事の相手以上に、家族関係に配慮する。
- □「熟年離婚」にならないよう、夫婦関係を見直す。
- □「無償の愛」をもって、家族に接する。
- □家族に対しても、最低限の節度とマナーを忘れない。
- □恥ずかしがらずに、家族に「愛」を伝える。
- □子育ての良し悪しは、子ども自身が決めること。
- □「最低限の礼儀」を子どもに教えるのは、親の義務。
- □家族関係は、その人の人生を如実に映し出す鏡。
- □母も妻も娘も、「一人の女性」である。
- □親のことには、積極的に口を出す。
- □家族や友人との「友情」を見直す。
- □助けになる、頼りになる人と、自ら進んでつき合う。

# 第3章

# 「戦略的なライフスタイル」を試みる

## 「健康が第一」を頭に叩き込む

私は、三十代の頃から体調管理には人一倍気をつけるようにしてきました。健康は働くこと、生きていくことの基本であり、健康が維持できなければ良い仕事はできないし、良き人生は送れないからです。

また、私は障害のある長男や病気の妻を抱えていましたので、「私が病気になって倒れでもしたら、この家は崩壊してしまう」という危機意識が常にありました。

そのため、どんなに忙しくても七時間は睡眠をとり、風邪をひきそうになったらすぐに医者にかかって薬をもらい、ジョギングやウォーキングなど運動することで健康維持に努めていました。

今では妻も元気になり、子どもたちも私を助けてくれる立場になりましたから、以前のような危機意識はもうありません。でも、肥満にだけはならないよう、今も何らかの運動をして標準の体重を維持するよう心がけています。

健康に対する考え方は人それぞれですが、肥満は高血圧や糖尿病などの原因になります。五十代は体力の衰えもあり、偏食（へんしょく）傾向も強まりますので、健康維持には十分な注意を払うべきだと思います。

幸いなことに、私は三十代の頃から四十年、ほとんど体重が変わっていません。上下二キロ程度での増減はありますが、「一キロ増えた」と気づいたら食事を調整してすぐ元に戻すようにしてきたので、気づいたら何キロも太ってしまった、というようなことはありませんでした。

「すぐに食事で調整なんてできるだろうか」と思うかもしれませんが、一キロ程度なら、増えた後二～三日の食事を控えめにすれば自然と元に戻ります。四キロも五キロも太ってしまうと痩せるのも一苦労ですが、体重を毎日計る習慣をつけて、増えたらすぐ元の体重に戻すクセをつけておくと、比較的楽に体重維持ができるのではないかと思います。

また記録をつけていると、向上心やチャレンジ精神がおのずと芽生えることもあります。私は最近、毎朝集中してウォーキングをするのですが、毎日何万歩歩いたのか、エクセルを使って数値を管理し、毎月の平均値を出すようにしています。

例えば記録をつけ始めた最初の月平均は一万一〇〇〇歩でしたが、その次は一万二〇〇〇歩、その次は一万三〇〇〇……そんなふうに少しずつ数値を上げていくと、「よし、それならあともう五〇〇歩、もう一〇〇〇歩、がんばってみようか」と次を目指そうという気になるものです。

このように、記録をつけながら成果を楽しむのも、健康を維持するやり方の一つではないでしょうか。

こうした運動習慣が幸いしてか、私の体内年齢は実年齢より約十五歳若い五十五歳だそうです。見た目も実年齢より若く見られることが多く、同窓会では私だけ後輩のようですし、弟と一緒にいると、たいてい私のほうが弟に見られます（笑）。年齢からすれば、私も「老人」に括られるのかもしれませんが、私は自分を「老人」と思ったことはありません。だからシルバーシートにも座りませんし、席を譲られても座らないことにしています（笑）。

当たり前のようにシルバーシートに座ろうとする六十代もいますが、人生九十年とすれば、六十代は若造、五十代なんてもっともっと若いのです。

仕事や人間関係での「若造」は困りますが、体力については「健康が第一」を頭に叩き込み、「若造」のような心意気で清々しく生きる。これが、五十代以降を楽しく生きる秘訣かもしれません。

このように、健康については厳しく自己管理している私ですが、それでもやはり、年に一度の人間ドックは欠かさず受診するようにしています。

どれほど気をつけているつもりでも、残念ながら何か悪いところが見つかってしまうことも十分考えられます。人間ドックの受診は、そんな万が一をカバーする「保険」なのです。「悪いところを指摘されるため」というよりは、「問題なしをもらうため」の受診と捉えればよいのではないかと思います。

健康については、運不運があるのも否めません。健康診断も人間ドックもまったく受診しないのに健康でいる人もいれば、真面目に受診して健康に注意していたのにガンになって亡くなってしまった人も、周囲には少なくありません。

その人の健康や命、医療に対する考え方もありますから、一概に強制することはできませんが、「もうちょっと大事にしていたら若くして死なずにすんだのに」という人を何人も見てきた私としては、五十代のみなさんには、やはり「健康には十分気をつけて」と言いたい。五十代は、死ぬにはまだまだ若いのです。

## 無病息災より、一病息災くらいでちょうどいい

「健康が第一」だと言いましたが、運悪く病気やケガをすることも当然あります。真面目に健康診断を受けても病気になる人もいれば、ろくに受けないのに病気にならない人もいる。そこを踏まえ、「病気になったら、その時はその時」くらいの気構えでいるのも大事だと思います。

六十代での話ですが、私は不覚にも自宅で転倒し、足を骨折しました。ソファから立ち上がろうとした際、脚がローテーブルの下にハマってしまって動かせず、おかしな転び方をしたせいで、趾骨(しこつ)と脛骨(けいこつ)が折れてしまったのです。

現在は完治し、生活に支障はないものの、当時は階段の上り下りが辛く、正座も満足にできませんでした。お酒を飲んでいたため気が緩んでいたということもありますが、まさか自分が転んで骨折するなど想像もしていませんでした。健康には気をつけていると言いつつ、内心「自分は大丈夫」と過信してしまっていたのかもしれません。

しかし、考えてみたらこの程度で済んでよかったです。痛い経験をしたおかげで、己れの過信に気づき、健康に対してより気持ちを引き締めることもできました。骨折などむろんないにこしたことはありませんが、万が一病気やケガをしてしまっても、「無病息災より一病息災」と、ポジティブに受け止めるとよいのではないでしょうか。

五十代は言ってみれば「高齢者への入り口」です。今後衰えていく身体を思えば、若い時以上に健康には注意しなければならないのは言うまでもありません。

しかし一方で、この年代は好むと好まざるとに拘わらず、病気になったりケガをしたりする可能性も高くなります。だからこそ、なったらなったで、悲観したりせず「そういうこともあるさ」と受けて止める。

そんな図太さを持ち、病気やケガとうまく付き合うのも、五十代では必要になってくると思うのです。

一方、この年代は睡眠に支障を来たすという人も少なくなく、睡眠不足はなくなるものの、不眠に悩まされる人が多くなると聞いたことがあります。

私の場合、睡眠で悩んだことは一度もありません。なかなか寝付けなくても、三十分もすると自然と寝入ってしまいます。性格もあるのでしょうが、「とにかく睡眠は十分取ること」を長年義務として徹底してきたせいかもしれません。何しろ私は四十代の超多忙の時期でさえ、七時間の睡眠時間をキープしていたくらいです。

なぜ徹底して睡眠時間をキープしたかというと、睡眠が少ないと頭がうまく働かず、思考力も判断力も下がるからです。「寝不足は仕事の天敵だ」と考えて、とにかくよく眠るという習慣をつけるようにしていたのです。

この習慣は、七十代の今も続けています。「この時間が来たら寝る」と決めて、その時間になったらテレビも電気も消して、寝床に入るのです。

ちょっと驚かれるかもしれませんが、私は毎日就寝時間の十一時になったら、テレビ番組でも映画でも、途中で切って寝てしまいます。

ストーリーがどれほど面白くても、ここが山場だという場面に差し掛かっても、あと少しで終わるというところでも、途中で切って観るのをやめてしまうのです。

家族からは「なんで途中で消しちゃうの？　最後まで観ちゃえばいいのに」などと不思議がられますが、私にとっては最後まで観るより定時に寝るほうが大事です。決めた時間に寝て、十分に眠って、朝も決めた時間に起きたほうが、その一日を心地よく過ごせるからです。

そもそもテレビだろうと映画だろうと、その日のうちに最後まで観なくても、内容が変わるわけではありません。「続きは明日」にしたって、構わないのではないでしょうか。

たまに、寝る時間が少し遅くなることもあります。大好きな映画を観ていて、ストーリーに夢中になって、うっかり夜更かししてしまうこともなくはありません。

しかし、そういう時は決まって翌日の調子が悪くなります。作業の効率が悪くなり、不愉快な気分になってしまうこともあります。そんなことになるくらいなら、途中でやめてさっさと寝たほうがいい。内容の良し悪しが変わるわけでもなし、翌日楽しめばいいと考えるようにしたのです。

若ければともかく、五十代以降ともなると、生活のリズムや睡眠のサイクルは一度崩れると戻しにくくなります。一度乱れたものを元に戻そうとがんばるより、わずかな自制心で快調な状態をキープするほうがよっぽどラクです。

みなさんも、「○時になったら寝る！」と心に決めて、途中だろうといいところだろうとスイッチをオフにしてはどうでしょうか。健康を守るために、「続きは明日」を実践してみてください。

# 五十代からの暴飲暴食は「知性の欠如」

健康を維持する食生活のコツは、「バランスよく食べる」ということに尽きると思います。私は飲むのも食べるのも大好きで、好き嫌いなく何でも食べますが、野菜も肉も魚も、できるだけバランスよく摂るように心がけています。

食事の回数も、朝昼晩、三回確実に食べています。朝食や昼食を抜く人もいるようですが、私は食事の時間になると何も手につかなくなるくらいお腹が空くので、一定の決まった時間に毎日三食を食べるようにしています。

何しろ会社にいた頃、私は一二時を過ぎて何事か相談をしてくる部下がいると、「オレは一二時になったら腹が減るんだっ！」と怒鳴りつけたりしていました（笑）。腹が減っては戦はできませんから、空腹は避けたほうがいいでしょう。

とはいうものの、満腹になるまで好きなだけ食べるのも、もちろんよくありません。私の出身県である秋田は全国的に見て血糖値が高く、脳梗塞で亡くなる人も多く、そのせいで平均寿命もかなり短いのです。私は血糖値が上がらないよう甘いものは控え、漬け物や塩辛など塩分の高いものは食べないようにしています。

また食事の際は、肉や魚、ご飯やパンより野菜を先に食べると血糖値の急激な上昇を防ぐ効果があると言われていますので、野菜を先に、しっかり噛んで食べるよう心がけています。

ちなみに、私はお酒を飲んだらご飯は食べません。お酒を飲んでご飯も食べるとカロリーオーバーになってしまうので、夜は野菜や肉、魚を中心に食べ、翌朝の朝食にご飯は半膳程度を食べます。

たまに外でお昼を食べたり、仕事で外食することもありますが、基本的には自宅で、娘が作ってくれる料理を食べます。全体的にそれほど量は多くありませんし、豪華な食事ではないかもしれませんが、食事は「少し控えめ」が健康には一番ですし、暴飲暴食は百害あって一利なしです。

そもそも、食欲を抑えられない、好きなものをのべつまくなしにたくさん食べてしまうというのは、自分の欲望に歯止めがきかないということです。それは、理性が働かないということであり、やや知性に欠けていると言わざるを得ません。

欲と知性を比べると、欲のほうが勝ってしまうというのは、正しい判断を欠いて損をしがちになるということでもあります。食欲のあり方には、その人の知性や生き方が如実(にょじつ)に表れていると言ってもいいでしょう。

美味しく、たくさん食べるのは悪いことではありませんが、五十代からは「ちょっと我慢して控えめな食」を楽しめる知性を持つのが大事ではないでしょうか。

お酒も、毎晩美味しく、適量をいただきます。お酒についてはとくにこだわりはなく、ワイン、日本酒、焼酎などいろいろな種類を飲みますが、基本的に一人で飲むことはありません。

三十代の頃は、仕事や家のことに疲労困憊(こんぱい)しながら、一人で晩酌することも多かったのですが、今は家族で楽しい晩酌です。かつては自分で作っていた食事も今では娘が作ってくれますから、こんなに幸せなことはないと思っています。

人によっては、一人酒や一人旅を楽しむという人もいるようですが、一人と言いつつ、結局誰かとの出会いを求めていることも多いものです。やはり、旅も食事もお酒も、誰かと一緒のほうが楽しいに決まっています。

ただし、お酒も食事同様、「歯止め」が必要です。肝臓への負担もさることながら、飲みすぎは時に取り返しのつかない過ちを引き起こしかねないからです。

私はどちらかというとお酒に強いほうですが、飲みすぎると眠くなりますし、頭が働きません（笑）。会社にいた頃は、酒の失敗もよくしていました。

しかし、「酒の上での失敗」は、案外高くつくことが多いものです。「酒の上での発言はいいかげん。本心ではない」と言われますが、それは大間違いで、お酒で酔うと人は本性が出るのです。

お酒を飲んで悪口が出たとしたら、それは「酔った勢いでつい出た」のではなく、その悪口が「真実の気持ち」だということなのです。

仕事を終えて同僚などとお酒を飲んでくだを巻きながら、気に入らない上司の悪口を言うのはサラリーマンの楽しみのひとつですから、それは許されますし、若いうちは酒のうえでの失敗の一つや二つはあってもかまわないでしょう。

でも、五十代で「くだを巻く」ような飲み方はいただけません。ほどほどの飲酒で百薬の長。そんな節度あるお酒を楽しみたいものです。

# 「世話をしてもらう人生」は孤独の始まり

男性は女性に比べて、孤独に陥りやすいものかもしれません。

もちろん人にもよりますが、男性は一般的に、身の回りのことを奥さんに任せきりにしてしまう人が少なくありません。そういう人は、奥さんを失うと世話をしてくれる人も話を聞いてくれる人もいなくなってしまい、淋しさを募らせたり、孤独に陥ったりしてしまいがちです。

そういうことを考えると、家族の世話をしてきた私はむしろラッキーです（笑）。今では家族も手がかからなくなりましたし、淋しさとも孤独とも無縁です。もちろん、妻がいなくなるようなことになれば辛いことでしょうが、孤独に陥ってしまうようなことはまずないと思います。

仕事と家事、そして長男や妻の世話に明け暮れていた当時はしんどい思いもしましたが、家事も育児もやらず仕事一筋で生きてきてしまった結果、妻に世話をしてもらわなければ何もできないような人生に比べたら、自分ははるかに恵まれていると思います。

定年後、何をしたらいいかわからず途方に暮れたり、家族から放置されて孤独になってしまうという話はよく耳にしますが、こうした孤独はすべてこれまでの「生活習慣の結果」ということです。五十代のうちから、孤独にならない生活習慣を心がけるのが賢明かもしれません。


しかし、なかには「妻がいなければ何もできない」「世話を焼いてくれる人がいなくなって淋しい」程度の話ではすまない、深刻な孤独に陥ってしまう人もいます。

そして中には心を病んで、うつ病になってしまう人もいます。

妻のうつ病治療のため、いくつかの精神科を訪れるなかでとても興味深く感じたのは、女性はうつ病になっても一人で診療に来るのに対し、男性はたいてい奥さんに付き添われて病院に来ることです。

こういう現象も、「世話を焼かれること」に馴(な)れ切ってしまった男性の頼りなさの一つなのかもしれません。

一方、自分の世話も家族の世話も見きれなくなって陥る、深刻な「孤独」もあります。

私の知り合いで、奥さんがうつ病になり、そのせいで自分もうつ病になってしまった男性がいました。お子さんが二人いたのですが、十分世話をしてやることもできず、部屋は汚れ、食べるものはほとんどコンビニで買うという荒んだ生活を送っていました。

私の知る限り、その男性は誠実で仕事もできる人だったのですが、仕事となかなか治らない妻の介護に耐えきれなくなったのか、ある日、飛び降り自殺を図って亡くなってしまいました。

そうなる前に何とか打つ手はなかったのか、相談に乗ってもらえる人はいなかったのか、同じ病の家族を抱える者として非常に残念に思いますが、誰にも相談できなかった彼の胸中もわからなくはありません。

うつ病などの精神疾患を抱えている人やその家族は、そのことをなかなか認めたがらないものですし、自覚していたとしても、周囲に知られることを極度に怖れます。

日本はまだまだ精神疾患に対する偏見が強く、そのことが、治療を遅らせ病気を悪化させ、年間三万人を下らない自殺者を出す事態を招いているのかもしれません。精神的に苦しんでいる人を救えないという点では、日本は先進国の資格を欠いていると言わざるを得ないでしょう。

家族の病を苦に自殺、心中などという事件を聞くと、他人事ではないと胸が痛くなりますが、私が死のうと思わずにすんだのは、ひょっとすると障害のある長男のおかげだったかもしれません。

「自分が死んだら、長男の面倒は誰が見るんだ。あいつを残してオレは絶対に死ねない」

そんな気持ちが、妻のうつ病と闘い抜く力を与えてくれたのではないかと思えるのです。

やはり、「世話をしてもらう」より「世話をする」人生のほうが、人はタフに、前向きに生きられるものではないでしょうか。


思えば私は、幼い頃から今に至るまで、身の回りのことはたいてい自分でやってきました。掃除も洗濯も料理も、ボタン付け程度なら裁縫だってやります。「やらざるを得ないからやってきた」というだけの話ですが、身の回りのことを自分で難なくこなせるということは、人が考える以上に人間を強くするものです。

みなさんも身の回りのことを奥さん任せにせず、「自分の世話は自分でする力」を少しずつ身に付けてはどうでしょうか。大したことはできなくても、味噌汁、卵焼き、ボタン付け程度ができれば十分です（笑）。

## 「酒のつき合い」は思いきってやめる

誘われたら断らない。これが私の昔からのモットーでした。「勉強会にしろ異業種交流会にしろ、活動の場を広げたほうが人脈は広がるし、自分の成長につながる」と考え、声がかかれば多少無理をしてでも、積極的に参加するようにしていました。

でも、五十を過ぎたら「お誘い」は選んで参加すべきです。もちろん、出なければならない会合や義理を欠かせないつき合いは別ですが、月いちでお呼びがかかるような集まりや飲み会は、いちいちつき合っていたらたいへんです。二回に一回とするなど、回数を減らしたほうが賢明だと思います。

関西にいる私の会社の同期も月に一度、決まった日時・場所で同期会をやっていて、暇な人はみなそこに集まるのだそうです。六十代以降になると一線を退いて時間を持て余す人が増えてきますから、そういう集まりの回数も多くなってくるのかもしれません。

でも、考えてもみて下さい。例えば夜の飲み会に参加する場合、夕方の五時に家を出たとして、帰ってくるのは早くても一〇時。一度の飲み会で五時間を費やすことになるのです。これだけの時間を単なる飲み会に使ってしまうのは、もったいないとは思いませんか？

もちろん、近況報告をかねてたまに会うなら楽しいですし、知見のある友人の話を聞くのは面白くてためになります。見聞を広めたり、情報を増やすのに役立たないわけではありません。

しかし、五十代以降は残された時間も限られています。若い時のように、無駄や回り道が有益になるとは必ずしも限りません。それほど必要でないつき合いを断ったり、思いきって義理を欠いて、自分の時間をできるだけ確保し、もっと有意義なこと、新しいことに使ったほうがいいと思います。

とはいえ、周囲との交流を絶って引きこもってしまうのがいいと言っているわけではありません。いくつになっても知的好奇心を持つのは大事です。面白そうだと思う集まりや勉強会にはすすんで参加し、交流会や懇親会に仲間入りしてみるのも悪くないと思います。

例えば、私はかつて、いくつかの異業種どうしが参加する、経営者を育成するための「経営塾」の塾長を務めていました。各社から、ボードメンバー（取締役）を期待される四十代後半のビジネスマンが二〇人程度集まり、著名な講師の話を聞いたあとに、五人ずつのグループに分かれて議論し、成果を発表するのですが、これがたいへん面白く、毎回闊達（かったつ）なディスカッションが展開されます。

午後三時から夜の八時までフルに勉強した後は、ほぼ全員参加で懇親会が行われ、交流を深めます。会社が違うので刺激も大きく、お酒を飲んで大いに盛り上がりながらも、互いに切磋琢磨し合うというわけです。

一日の疲れを癒す仕事終わりの一杯も悪くないですが、五十代以降は自分磨きとして、こんなアグレッシブな研修会も有効かもしれません。

ちなみに、こうした勉強会などの懇親会に参加する時は、講師や少し気になる人のそばに素早く陣取ることをお薦めします。

経営塾でも何度か懇親会をやりましたが、「こいつは仕事ができそうだな」と見込んだ人ほど動きが早く、人に先駆けて会場にやってきます。そしていち早く私の隣に座って、いろいろなことを聞いてきたり相談したりします。

これに対して、会場にもたもた遅れてやってくる、なかなか座ろうとしない、遠慮して端っこに座る人は、はっきり言ってとても損をしています。せっかくなら、塾長である私や講師のそばに来てどんどん質問したりすることが得なのに、目の前にある貴重なチャンスをみすみす逃してしまっているからです。

もちろん、自分と同程度や目下の人でも優秀な人はいますが、やはり自分より立場が上の人や経験豊富な人と話したほうが得るものは大きく、より成長につながります。素早く動いて上の人と積極的に話そうとする人は、そのことをよく理解しているのです。

おかげさまで、たいへん高評価をいただいている経営塾ですが、私が出席するのは最初とまん中と最後だけ。勉強会全体を指導するのは別の主査で、懇親会も私は毎回出席するというわけではありません。

どんなに楽しく有意義な取り組みでも、一つのことに時間をむやみに費やしてしまうのはよくありません。先々を考え、他の業務とのバランスをみて優先順位をつけ、必要に応じて切る、省くことも重要です。

不要なものを断って、調和のとれた時間の使い方をする。五十代からは人間関係も飲み会も「断捨離（だんしゃり）」を考えるべきではないでしょうか。

# いい医者は「薬より言葉」から処方する

五十代になると、自分自身の衰えもさることながら、親の入院や介護などで医者とつき合う機会が増えてきます。

私は親の介護とは無縁でしたが、障害がある長男、病気の妻がいましたので、多くの病院や医者と接してきました。

何しろ、妻の入院回数は四十三回、お世話になった病院の数は両手の指では収まりきらないほどです。入退院をくり返すたびに何度も医者と話をしていましたから、話をした回数はもう何百回にも及びます。

そんな私の経験から言うと、良い医者には三つの条件があるように思います。

一つ目は病気についての知識を持っていること、二つ目はそれを患者にきちんと説明できること、そして三つ目は患者に対して誠意と愛情を持っていることです。

この三つすべてを兼ね備えることはできないでしょうが、それぞれある一定レベルのものを持っていて、その総合点が優れていることが大切です。

この三つの条件を踏まえて医者と話してみると、その医者が良い医者かどうか、何となくわかってきます。そして「この先生はダメだ」と思ったら、私はできるだけ早く病院を変えます。患者が医者を「信用ができない」というのは、医者を選ぶ条件として最悪だからです。

私は、良い医者を選ぶことは、患者の家族としての責任であり、義務だと思っています。評判だけに頼って医者を選んだり、何から何まで医者任せにしてしまう人も少なくありませんが、自ら判断して良い医者を選ぶようにしなければ、後々後悔することになりかねません。

例えば、時折信じられないようなずさんなミスを重ねていた医療事故のニュースを耳にすることがありますが、なぜミスを重ねるような病院の世話になってしまったのか、患者は医者とどうつき合っていたのか、よく反省しなくてはなりません。

患者には医療に対して意識を高く持つ義務があると思うのです。

「医療は自分で選ぶもの」であることを念頭においた上で、いい医者を見極め、場合によってはセカンドオピニオンを考える。医者とのつき合い方は、そのくらい慎重であるべきです。

とはいえ、医者選びが一筋縄ではいかないのも確かです。なかでも難しいのが、精神科の医者選びです。

外科や内科なら、治せる治せないが聞いたり調べたりしたらある程度わかりますが、精神科の場合、症状も改善の進み方も人によってまちまちなので、適切な治癒をしたかどうかわかりにくいことが多く、医者の善し悪しの判断がつきにくいからです。

というわけで、精神科の場合、症状よりむしろ医者との面談によって腕の善し悪しを判断することになります。つまり、面談でどのくらい患者サイドを納得させてくれるかが、いい医者かどうかのカギになるのです。

例えば、私の妻が受診したある医者は、こちらの病状を説明すると、「それならこうでしょう？　じゃあ、こういうことにもなっているでしょう？」と言ってすぐに薬を処方しようとしました。

しかし妻の場合、その先生の言う「こういうこと」にはなっていません。きちんと説明してくれないと「この先生は病気のことをよくわかっていないのか？」という疑念がわきますし、病状と合っていないとなると、処方された薬を飲むわけにもいきません。

患者としては、どうすべきかひどく戸惑ってしまいますが、この医者に限らず、話をほとんど聞かずにすぐに薬を処方しようとする医者は少なくありません。

病状をよく聞きもせずすぐに薬を処方しようとする医者は信用できない、むしろ、良い医者はあまり薬を処方しない、というのが私の実感です。

一方、自閉症の長男は、幸いなことに良い先生にめぐり合うことができ、二十歳の時から二十年来のおつき合いになる主治医がいます。

自閉症は未解明の部分が多く、普段は問題がなくても、ときどき異常な行動をとって不安に感じることもあるのですが、主治医の先生が「困ったらいつでも相談を」と連絡先を教えてくれたので、困った時や緊急時には力になってもらっています。

通常、主治医への連絡は病院経由でとるものですが、この先生は長年の知り合いとの信頼感から特別に携帯の連絡先を教えてくれたのです。「何かあっても先生に相談すれば大丈夫」という安心感に、私たち家族がどれほど助けられているかは言うまでもありません。

薬よりも、まずは信頼関係を築く「言葉」を処方してくれる。そんな主治医の先生を、あなたとあなたの家族のために、探し出してみて下さい。

## 積極的に「笑い転げて」みる

四十三回にも及ぶ妻の入院、自殺未遂、長男の自閉症、激務のなかの家事と看護……こんな困難続きの身の上を聞かされると、「佐々木家はどれだけたいへんなんだ。さぞかし家のなかは暗かったに違いない」と想像する人も少なくないでしょう。

ところが、必ずしもそうではなかったと思います。もちろん、病気のせいで落ち込んだ雰囲気になることもありましたし、妻が不安定な時は家のなかが憂うつな空気になることもありましたが、そのせいで家が荒(すさ)んでいたということはありません。

むしろ振り返ってみると、わが家はこんなたいへんな状況にも拘わらず、不謹慎(ふきんしん)なくらいときどき「笑い」があったような気もします。

入退院を重ねていた妻の病状が悪化し、三回目に救急車で病院に搬送された時のことです。

私は妻に付き添って病院に行き、幼かった子どもたち三人は後から遅れて病院にやってきました。その時、娘の美穂子が開口一番、私にこう言ったのです。

「お母さん、死んだ？」

それを聞いたとたん、私は思わず吹き出してしまいました。その言葉があまりにも無邪気で、どこかしらすっとぼけていたからです。

「お母さん死んだ？ って、よく言うよ。この子は（笑）」

同じように響いたのか、周囲にいた病院の人も、慌てて駆けつけた祖父母も、美穂子の「死んだ？」の一言に大爆笑です。救急車に担ぎ込まれるような深刻な状況が、この一言で一気に和（なご）みました。

もちろん、美穂子にとってはジョークです。何しろ、担ぎ込まれるのはこれで三回目。美穂子にしてみれば「これで三回目か。お母さん死んじゃった？ まさか、そんなわけないよね」という本音が思わず口を突いて出たのでしょう。

子どもらしいユーモアに救われた一幕でしたが、こんなふうに「笑い」や「ユーモア」には、深刻な状況や重たい空気を打破する力があると私は思っています。

激しく落ち込んでいても、ちょっとしたジョークで笑ってみると、瞬時にポンと元に戻ることができる。そんなふうに物事を「リセット」できるのも、笑いの持つ効用ではないかと思います。

精神科医の斎藤茂太さんが「何を笑うかで人間がわかる。何でも笑えば人間は変わる」という名言を残していますが、五十代からは何でも笑い飛ばせる「余裕」を持ちたいものです。

そもそも日本人はユーモアが足りない国民だと言われていますし、私もそう思います。生活のなかにもっと意識して「笑い」を取り入れるべきでしょう。

笑いを取り入れるといえば、朝日放送の『新婚さんいらっしゃい！』という番組があります。新婚のご夫婦が登場して、司会者にあれこれ突っ込まれながら、二人のなれ初め(そ)や下ネタまじりの夫婦生活を語るという内容ですが、私はこの番組を見るたび、「こんな恥ずかしいことまで人前にさらけだすのか。こんなバカバカしい番組はない」と思うのですが、面白くてついつい観てしまいます。時折ハッと我に返って、「……なんでオレはこんなつまらない番組を観ているんだ？」と愕然(がくぜん)とするのですが、それでも懲(こ)りずにまた観てしまう（笑）。この番組には人を引きつける笑いがあります。

すごい年の差があったり、女性のほうがずっと背が高かったり、ご主人より巨漢だったり、世の中じつにさまざまな夫婦がいる、世の中いろいろなんだなと、笑いながら人生を省みれるのがこの番組の魅力なのかもしれません。

ちなみに、娘の旦那は『笑点』のファンです。噺家がお題にそって披露する大喜利は、大人から子どもまで誰もが笑える、身近でシンプルなネタばかりですが、ちょっとした失敗や欠点なんか笑い飛ばしてしまうユーモアの強さも感じられます。

この番組も、『新婚さん』も、四十年以上も続く人気長寿番組ですが、この類(たぐい)の番組が長寿番組になるということは、人にとってどれだけ「笑い」が大事かということを証明しているようなものではないでしょうか。

友人で横浜市長だった林文子(はやしふみこ)さんも、古典落語を全巻お持ちというくらいの落語ファンだそうです。「落語はメチャメチャ面白い。落語を聞いたら一日の疲れが吹っ飛びます。やはり笑いはいいですよ」と言って、私にも落語を聞くことをすすめてくれました。

五十代からは落語でも聞きながら、ニコニコ笑って前向きに。みなさんも暮らしのなかにどんどん「笑い」を取り入れてみて下さい。「笑う門には福来る」です。

## 「人生メモ」を毎日書き、読み返す

私は若い頃から、自分が読んだ本、感動したセリフや格言、「これは使える」と感じたフレーズなどをノートにメモする習慣がありました。

読んだ本はタイトルや著者名だけでなく、印象に残った文章や言葉を抜き出して書き留めます。そして書き留めた言葉を時間のある時に読み返し、しばしばビジネスやふだんの生活のなかで引用するなどして活用してきました。

例えば、「礼儀正しさに勝る攻撃力はない」（キングスレイ・ウォード）という言葉があります。この言葉は、幼いころから母に教えられ続けてきた「人を傷つけてはいけない」「嘘をつかない」などといった道徳的規範と強く結びつき、仕事のなかで生かされているうちに、私の手持ちのフレーズになっていったのです。

また、二つの手帳を常に持ち歩き、思いついた言葉をすぐに書き留めるようにもしていました。

「三年で物事が見えてくる。三十歳で立つ、三十五歳で勝負は決まる」

「沈黙は金にあらず。正確な言葉、表現に気を配る」

「メモをとるとよく覚え、覚えると使う、使うと身に付く」

「男にとって女性への考え方、対応は人生や他人に対する考え方の程度を表す」

思いついた言葉を手帳やノートに書き出すと、頭のなかが整理され、思考が深まり、自分が何を大切にしているかを知ることもできます。

私は課長時代に「計画主義」「効率主義」「自己中心主義」などの項目からなる「仕事の進め方十か条」を作成し、日々仕事の中で徹底するよう部下に示しましたが、これらの言葉も一朝一夕に生まれたわけではありません。こまめにメモし、それらを吟味（ぎんみ）、修正しながら、時間をかけてまとめあげていったものです。

このように、私は書くことで、そして書いたものを何度も読み返すことで自分自身の考えを確立し、自分なりの揺るぎない考え方を身に付けてきました。書いた言葉とじっくり向き合い、言葉を磨き上げていく。この作業は自分の成長にもつながるし大変楽しいものでした。


私は道半ばで東レの取締役を解任され、子会社に出されたのを機に、書き留めてきたビジネスのノウハウやワーク・ライフ・バランス論を、家族史とともに記録として残しておきたいと考えるようになりました。

そんな折、縁あってWAVE出版の玉越社長から「仕事や家族のことを本に書いてみませんか」との誘いを受けたのですが、家族にその話をすると、妻と次男から反対されました。

私としては、家族の反対を押し切ってまで出版するつもりはありませんでしたが、出版するかどうかはともかく、記録だけは残しておきたいと思いました。昔のことは忘れていることもあり、妻や子どもたちに「あの時はどうだったんだっけ？」と聞きながら、当時の様子をできるだけ克明（こくめい）に記録していきました。

すると意外にも、私が気づいていないことがたくさんあったことがわかりました。「お父さん、気づいてなかったでしょ」と子どもたちや妻からもあれこれ教えられ、そんな会話を重ねながら、自分なりに記録を書き進めました。

そうやってでき上がった原稿を家族に読んでもらうと、なんと出版に反対していた妻と次男が「お父さん、これ本にして出そう」と言ってくれたのです。

原稿を読んだ子どもたちから「お父さんは自分たちのことを理解していた。反省もしてくれていた」、妻からも「私の声はちゃんとお父さんに届いていた。やっとお父さんに理解してもらえた」と原稿に共感を持ってもらえたようです。

そうして生まれた私の初めての本が『ビッグツリー』です。帯には「働きながら家族再生を果たした感動の物語」というキャッチコピーがついていますが、私にとっては「物語」というより、どうしても書き遺したかった家族とどう向き合うのかというテーマと、ビジネスマンとして書き上げたかった経営やタイムマネジメントの本でした。

ビジネスも人生も、言葉と真摯に向き合うことで磨かれます。私は今なお日々の気づきや発見、感動した本や映画についての記録を愛用の手帳に書き留め続けています。

みなさんもぜひ、五十代からは日々の記録を「自分の人生メモ」として残す習慣をつけてみてはどうでしょう。日記のように長く書く必要はありません。文章をうまく書こうとする必要もありません。

大切なのは、自分にとって大事なことと役に立つことをこまめに書き、書いたものを読み返すことで自分自身と向き合ってみることです。書くことで、自分のなかの未熟さや過ちを知り、それを乗り越えるために考え尽くす。そういったことを通じて自分の成長を勝ち取っていくのです。

## 「金銭管理」から人生を見つめ直す

私は病気の妻に代わって家計のやりくりもしていましたが、お金の管理を煩わしいと感じたことは一度もありません。

私は六歳の時に父を亡くし、母が必死に働いて四人の子どもを育てるという貧しい家庭環境で育ちました。大学時代は親からの仕送りも受けず、生活するためのお金をすべてアルバイトと奨学金でまかなってきましたから、お金のやりくりはお手のものです。

お金の苦労もありがたみも、人一倍身にしみています。大事なお金を無駄遣いすまいと、肝に銘じて生きてきました。

と言っても、私は細かいことにこだわる性格ではないので、家計簿をつけたり、お金の使い道にうるさくこだわるような管理の仕方はしません。ただし、何にどのくらいかかるのかを頭のなかでしっかり把握し、収入の範囲内で堅実なお金の使い方をするよう常に心がけていました。

うちでは妻の入院費のほかに、一人暮らしする長男のアパート代や生活費も捻出しなければなりませんでした。今では落ち着いて一緒に暮らしていますが、長男は一時行動が不安定になり暴れることがあったため、一人暮らしをせざるを得ない時があったのです。

妻の入院費も、具合によっては個室に入らなければならない時があり、入院費と長男の生活費で、合わせて年間四〇〇万円以上のお金がかかっていました。幸いなことに、私は比較的早く役員待遇になりましたから、何とかまかなうことができましたが、これでは当然貯蓄する余裕はありません。

万が一自分が病気になったら、あるいは急にお金が要るようになったら、その時はどうすればいいのか。そんな不安が頭をかすめることもありましたが、「なるようになる。何かが起きたら起きたで、その時に考えればよい」

当時はそう割り切って、悲観的に思いつめないようにしていました。お金は大切ですが、予測のつかないことに気をもんでもしかたありません。どうしようもない時は、少し楽観的に構えるくらいでちょうどよいのではないかと思っています。

とはいうものの、人生「いくばくかの蓄え」はやはり必要です。当たり前のことに思えるかもしれませんが、人は意外とこのことを忘れがちです。まじめに働いているにも拘わらず、貯蓄がほとんどないという人が案外多いのです。

例えば、私が課長だった頃、私の部下たちは残業もよくする代わりに、仕事が終わるとしょっちゅう連れ立って飲みに行っていました。そのため、飲み代がかさんでお金が貯まらないという人が少なくなかったのです。

このように、若い時などは順調に働いて収入を得ているうちは、入ってきたお金をきりなく使ってしまい、万が一の蓄えを真剣に考えることはあまりないようです。

でも、一定の蓄えがあるかないかで、いざという時の対応は大きく違ってきます。お金がなくて、したいことも、してあげたいこともできないというのは不本意なことです。

一方、五十代ともなると、つき合いなどでなにがしかまとまったお金が要ることもあります。

かつて経営破綻した関連会社の再建のために出向した時、私は出向先の社員たちとの情報共有のため、しばしば一緒に飲みに行きました。

社員たちは、杜撰(ずさん)な経営のしわ寄せを受けて厳しい賃金カットを強いられていましたからお金に余裕がなく、みんなの飲み代は私が自腹で支払いました。当時の私の給料は月二〇万円ほどでしたが、年間一〇〇万円もの出費でした。

後日そのことを知った会社のトップから「飲み代は会社に請求を回すように」と言われ、

自腹はやめることになりましたが、この出費によって出向先社員たちから信頼を得ることができました。多くの社員が「佐々木さんは自分たちのことを真剣に考えてくれている」と言ってくれたのです。

このように、お金の使い方によっては、お金では計れない価値を生み出す場合もあります。お金で信頼を買うことはできませんが、信頼を得るのにお金が役立つということはあることです。

そのような出費も含めて、人生の「ここぞ」という時を乗り切るためのお金は必須です。要は、チャップリンの名台詞「人生に必要なのは、勇気と想像力とサムマネー」の「サムマネー」が欠かせないということなのです。

一方、お金は信頼を得るだけでなく、信頼をたやすく奪うこともあります。例えば友人から借金を頼まれた時です。私も知り合いにお金を貸して不愉快な思いを経験したことが何度かあり、私は、友情にお金の貸し借りは禁物だと考えています。お金を借りるなら銀行へ行くべきです。金額の多少に拘わらず、「お金を貸してほしい」という友人とは距離をおくのが正解です。

## 「終(つい)の住処(すみか)は一戸建て」にこだわらない

私は現在、都内の一戸建てで暮らしていますが、結婚当初は大阪の小さなマンション、次が一戸建てに住み、その次は横浜の社宅のマンション、そして都内のマンション、そして一戸建ての社宅……と、仕事や家族の事情に合わせて、その都度くるくると住居を変えてきました。

そうした経験をしたせいか、家そのものに対する思い入れやこだわりはほとんどないと言っていいと思います。よく「男子たるもの城を持たねば」と一戸建てにこだわる人もいますが、私に言わせると、一戸建ては面倒くさい（笑）。戸締まりも掃除も、庭の手入れも手がかかってたいへんです。

その点マンションは便利です。一戸建てに比べてコンパクトな作りでその分お金もかからなくてすみます。一戸建てより物件数も多く、出かける時は玄関の鍵ひとつで戸締りができます。いろいろ考えると、私としては断然マンションのほうが暮らしやすいと思っています。

そもそも、うちは妻が入院しがちだったため、誰かを家に呼ぶということもほとんどありませんでした。朝から夕方まで私は会社、子どもたちは学校ですから、顔を合わせて話をする場所、つまり家の中心は夕食をともにするダイニングキッチンです。極端な話、ここさえ充実していれば十分だったわけです。

ところが、役員時代に住んでいた一戸建ての社宅は、だだっ広いだけで使い勝手が悪い。ほとんど使わない応接間や雑草が鬱蒼と茂る広い庭があって、リビングは広いものの、ダイニングキッチンがとても狭いのです。はっきり言って、われわれ家族からすると、あまり住み心地がいい家とは言えませんでした。

もっとも、その後すぐに東レ経営研究所の社長になったので、その社宅を出て横浜のマンションに移り住みました。その場所を選んだのは、長男の主治医がいる病院と彼が通う施設が近かったからです。

ただここもしばらくすると、仕事をする上でとても不便だということがわかり、表参道にあるマンションを購入しました。オフィス兼自宅用として200㎡というやや広めの部屋です。

また、住み始めてしばらくして娘が結婚し、娘も娘婿もここが職場に近いということで、娘夫婦二人との同居生活が始まりました。

一方、娘婿のご両親は高齢で、特に父親は車椅子の生活となり老人ホームに入ったため、彼の実家にいるのは母親だけとなってしまいました。目黒区八雲にある100坪もの古い家です。

このままでは、娘夫婦が八雲の家に帰っても、ご両親の介護が大変になります。

そこで私は、その目黒の家を3階建てのバリアフリーの新築に立て替えて、一緒に住むことを提案しました。すなわち娘夫婦と彼のご両親、そして私たちの三所帯同居です。

先方のご両親は驚き躊躇(ちゅうちょ)していましたが、最後は賛成してくれました。そしてその家にはエレベーターを設置し、彼の父親を施設から戻して、みんなで介護することにしました。

「三所帯同居なんて大変そう」「自宅で介護はしんどいのではないか」と思うかもしれませんが、三所帯同居となれば誰かが家にいるでしょうし、生活費も安くつきます。私たちはお互いに相手のことを理解し、好意も持っていましたから、上手くやっていけると確信していました。お互いの損得を考えて、この方法がベストだと判断したのです。

しかし、私は「ここは終(つい)の住処(すみか)だ」と決めていません。家族のかたちは時間とともに変化するもの。いくつになっても、それに合わせて変えていけばいいのではないでしょうか。

もっとも、家は合理的にばかり考えられない部分もあります。家は家族の歴史を刻む場所ですから、思い出のつまった家に深い愛着を持つこともあるでしょう。

でも、それにとらわれ過ぎて「ここに住まねばならない」とかたくなに決めつけることもないでしょう。

歳をとると、人は家や住まいに対して冷静さを欠いてしまいがちになるような気がします。ですから、家のことについては、子どもや信頼できる第三者の意見を聞き入れながら、合理的に判断するとよいのではないかと思います。


家を持つ目的は人それぞれです。ローンを組んで購入してもいいですし、賃貸でもいいでしょう。

私自身は、最初に住んだ大阪の家から現在の家まで、すべて賃貸ではなく持ち家を選んできましたが、最近は家が余っている時代ですから、もはや持ち家にこだわることはないでしょう。これからは「買う」より「借りる」ほうが主流になる可能性も十分考えられるのではないかと思います。

いずれにしても、五十代からの家選びでは、家族が集まりやすく、楽しく過ごせることが大切です。そして、家の管理はできるだけ手抜きしたいという面倒くさがり屋さんは、かつての私のようにマンション住まいをお薦めしたいところです（笑）。

## 自宅で「ホームパーティー」を開いてみる

私は、友情を保つには積極的な「手入れ」が必要だと考えていますが、これは友情に限ったことではありません。自分の子どもとその連れ合い、そして連れ合いの家族など、親族間のつき合いも積極的な「手入れ」というか「交流」が必要だと思っています。

とはいえ、親族どうしのつき合いは、法事でもない限りなかなか顔を合わせる機会はないかもしれません。でも、夫婦同様、親戚どうしも合縁奇縁(あいえんきえん)です。縁あってつながることになったわけですから、仲よく楽しく、相手の良いところを見て良好な親戚づき合いを維持したいものですが、そのためには、こちらからのちょっとした働きかけが大事です。

わが家には友人や親戚、仕事でお世話になった知り合いなど、さまざまな人が集まる機会がありますが、「何もしないのに向こうから勝手に集まってくれる」というわけではありません。

「みんなで集まろうか」「うちで一緒にごはんでも食べようか」私からそんな一声をかけ

ることで、みなさんが集まって来てくれるのです。

幸いなことに、うちには料理が得意な娘とマネージャーの岩崎さんがいてくれるので、料理のおもてなしには自信があります。お金をかけた豪華な演出などしなくても、心のこもった手料理と美味しいお酒が少しあれば、それで十分、訪れた人たちは満足してくれるものです。

「ホームパーティー」と言うと身構えてしまうかもしれませんが、みなさんもこんなふうに、ちょっとした料理を用意して、親族や仲間が集まる場を積極的にもうけてみてはどうでしょう？

何かの記念日に、親戚だけでなく、友人知人、さまざまな知り合いを呼んで、ちょっとしたイベントを行うのもお薦めです。

私は『ビッグツリー』を出版した時に、「これは私のビジネスマン生活の遺言書みたいなものだから、せっかくならお葬式、生前葬もやろう」と考え、ホテルオークラで出版記念パーティーを開きました。

私にとって、いえ、わが家にとって、一生に一度あるかないかの大イベントですから、思いきって三〇〇人以上入る部屋を借り切って、親戚、友人、かつての仲間から小学校時代の同級生まで、それはもう大勢の人をお招きしました。

そして当日は、催しの一つとして、私のライフヒストリー映像を流しました。一五分程度の映像のなかで、学生時代、会社員時代、家族とのスナップ写真や旅行写真など、私の六十年近い歴史がまるでドラマのように映し出され、来てくれた人たちも「おおー」という感じで楽しく鑑賞してくれたようでした。

その後、家族全員がみなさんの前でスピーチをしたのですが、一番驚いたのは、大勢の人前で話したことなどない妻が、マイクを持って堂々と話したことでした。

「私は主人の話によると四十三回も入院をしたそうです。主人もよく数えたものですね。この人はなんでも記録する癖があるようです。会社の人もこんな上司を持つと大変だと思いますけれど」

ユーモアを交えた妻のスピーチに、会場からは爆笑と温かい拍手の渦。最初は出版に反対していた妻が笑顔で「本を出してよかった」と言ってくれた時は、喜びと安堵の気持ちでいっぱいになりました。

ちなみに、パーティーの途中で帰ってしまう人がほとんどなく、料理もお酒もほぼすべてなくなったとのことでした。ホテルの支配人によれば「普通は帰ってしまう人も多いし、食べ物もたくさん残る。こんなに盛況でマナーの良いお客さまは珍しい」ということなのだそうです。

おかげで、私自身はほんの少ししか料理を食べられませんでしたが(笑)、義理で来てさっさと帰ってしまう人がほとんどいなかったというのは、本当にありがたいことです。

「みなさん、心から佐々木さんを祝福してくれたということですよ」と支配人から言ってもらえた時は、思い出に残るパーティーを開いて本当によかったとしみじみ思いました。

もちろん、これはあくまで一つの例にすぎません。誰もが出版記念パーティーをするわけではありませんし、ホテルのパーティールームを借り切る必要もありません。

会場や規模は人それぞれでいいのです。きっかけを見つけて親しい人を招き、ざっくばらんな交流の場を持つ。身近な人に敬意や感謝の気持ちを伝える機会を、自ら進んでもってみる。五十代になったら、そんな気配りやもてなしが欲しいものです。

# 「日本経済を知る」ために投資をやってみる

五十代は、定年後の蓄えが気になり始める時期でもあります。「預貯金だけでは心もとない。株式や投資信託を利用して資産運用しよう」と考える人も少なくないかもしれません。

じつを言うと、私は株式投資が好きです。若い頃から株をやっていて、調子の良い時は連戦連勝し、「オレはもしかしたら才能があるんじゃないか？」と得意になっていた時期もありました。

しかしある時、証券会社から薦められた株を買って大損をしてしまいました。「これは最低三倍になりますよ。絶対に化けますから、買わなかったらソンです」とまで言われて買った株でしたが、株価は期待を裏切って大幅に下落、それまでの利益がすべて吹っ飛んでしまったのです。

それ以来、株にのめり込むのはやめました。もちろん、こんな大損をするのはもうこりごりというのもありますが、何より株をやり出すと、株価のことが四六時中気になり、仕事に身が入らなくなってしまいます。

ですから、仕事に差し障りが出ない程度に、株式投資はほどほどに……が望ましいですが、もしも株をやってみるなら、「人任せにせず、自分の頭でしっかり考えて臨むこと」を原則にすべきだと思います。

例えば、証券会社を使う場合、その担当者は信頼できるか、株を勧められた会社は実際にどうなのかなど、自分自身でしっかりと見きわめた上で、その株を買うかどうか判断するのです。

先ほど、「証券会社から勧められた株を買って大損をした」と述べましたが、その後何年かして、同じ証券会社がふたたび私に株を買ってみないかと持ちかけてきたことがありました。

もうあんな大負けをするのはごめんだと思っていた私は、「アンタ、以前どれだけオレにソンをさせたか覚えているか」と文句を言ったのですが、それに対して担当者は「今度こそ大丈夫です。絶対に取り戻しますから」と自信満々にその商品を勧めます。

いろいろ熟慮した末に、私はその株を買ってみることにしました。

社をあげて本気で何とかしようとしていること、ごく限られた人にしかその株を勧めていなかったこと、そして勧められた会社が展開している事業内容からして、「これはいける。信頼しても大丈夫だろう」と判断したからです。

その結果、なんとその株は見事高値（たかね）を記録、私はかつての大負けのリベンジを果たすことができたのです。「伸びる！」という確信が当たるのはやはりうれしいものです。

ただし、念のため申し上げておきますが、こういうことは特殊なケースです。株は常にリスクを伴うものであることを肝に銘（めい）じておかなければいけません。（その証拠に、この次にもう一度勧められた株は全然ダメ。前と同じように「儲かりますから」と言われて軽い気持ちで買ったのですが、やはり惨敗（ざんぱい）でした……）。

投資の目的は資産を殖（ふ）やすことですから、間違っても大きく資産が目減りするようなリスクを取ってはいけません。「効率」と「結果」を冷静に見て、堅実な資産運用を心がけていただきたいものです。

でも、株式投資などに関心を持ち、実際に投資を試みることは、日本経済を知る上でとても勉強になると思います。

国内のマーケットはどうなっているのか、どんな業種が伸びているのか、オイル価格は？　国際収支は？　中国は？　世界の動向は？……など、株をやってみると政治、経済、国際社会などさまざまな事象に関心がいき、知的好奇心が高まって人生がとても豊かになります。

　五十代以降の高齢期を楽しく過ごすには、知的好奇心やチャレンジ精神は不可欠です。ですから、私は多少ならマイナスが出ても、積極的に株式投資をしてみてもよいのではないかと思っています。

　それに、リスクを伴うものをある程度やっていたほうが、人生刺激的です。やりすぎはいけませんが、ちょっとした緊張感があると生活にハリが出て毎日が楽しくなるのではないでしょうか。ただし、「絶対儲かりますから」の口車には迂闊（うかつ）に乗っからないよう、くれぐれもご用心下さい（笑）。

## 本や新聞とは「効率よく」つき合う

前項で「株式投資を通じて世の中のことを知っておこう」という話をしましたが、投資以外に、テレビ番組の視聴率や、新聞に掲載されている広告から世の中の動きを知るという方法もあります。

私は新聞を見る時、まず最初に下段に掲載されている本や雑誌の広告を見るようにしています。広告の内容から「ああ、今はこういう本が売れているのか」と、流行っているものや出来事などをチェックするのです。

広告のタイトルやキャッチコピーには情報が端的に表現されていますから、それを見るだけでも、世の中のさまざまな動きを掴(つか)むことができます。政治、経済、社会、生活と幅広いジャンルに目を通せるのもたいへん便利です。

このように、新聞はあらゆる情報を鳥瞰(ちょうかん)的に見渡すのに役立ちます。情報を見るならもちろんネットでもいいのですが、まんべんなく世間を見渡すには、ネットより新聞紙面のほうが使い勝手がいいのではないでしょうか。

私は、とある新聞社が主催する「新聞の読み方」をテーマにした講演会に、これまで何度か招かれています。新聞をあまり読まない若い世代をターゲットにした講演会ですが、おかげさまでこの講演会がなかなか好評です。その理由はおそらく、私が講演会でいの一番にこう言うからです。

「新聞は読まなくていい。新聞は見るものです」

みな「新聞を読むのは骨が折れる」と思っていますから、「読まなくていい」と最初に言われると、「なんだ、そうか。全部読まなくてもいいのか」と肩の力が抜け、「それなら読んでみるか」となるわけです。

そもそも、新聞を全部読んだら一冊の本を読むよりも時間がかかります。毎日配達される新聞にそんなに時間を費やすわけにはいきません。

そこで、新聞を開いたらまず「見出し」を眺めます。本文をすべて読まない代わりに、見出しだけは全部目を通すのです。見出しさえ読めば、細かいところまで読まなくても、世の中で何が起こっているのかが十分わかるからです。それに見出しの大きさで事の軽重(けいちょう)がわかるというものです。

そして、気になった記事や読む必要のある記事だけを選んで本文を読みます。じっくり読むのは、せいぜい一つか二つ程度あれば十分でしょう。

「こんなにたくさんあるのに、一つか二つなんてもったいないのではないか」と思うかもしれませんが、新聞を読むのにそんなに時間を使っていたら、それこそもったいない。必要なものだけを抜き出して読むほうが、効率的に新聞を活用することができます。

読む必要もない、関心もない記事をだらだら読んだところで、頭のなかにはほとんど何も残りません。新聞も株も、あれもこれもと必要以上に欲張らないことがポイントなのです。

読書にしても、たんに量を多く読めばいいというものではありません。

私は「多読家に仕事ができる人は少ない」と考えています。かつての同僚や上司のなかに何人かよく本を読む人がいましたが、そういう人のなかに仕事ができる人は少ないと感じたからです。

おそらく、多読家の人は本を読むことに一生懸命で、実践に生かすことができていないのでしょう。実践に生かそうとすれば、仕事が忙しくなってそんなに読書ばかりしていられなくなるはずです。

そもそもいくら読書を重ねても、実践に生かすことができなければ意味がありません。それならばむしろ、読んだ量は少なくても、一冊の本を徹底的に読み込むほうが、効果的な読書ができるのではないでしょうか。

例えば西郷隆盛は、流刑地の遠島に流されていた時期に、江戸時代の儒学者・佐藤一斎が著した『言志四録』という本を徹底的に読み込んでいました。『言志四録』とは、朱子学に基づく佐藤の思想が一一三三の条項にまとめられたもので、西郷はそのなかからさらに一〇一条だけを選び、そらで言えるくらいにくり返し読んだと言われます。

おそらく西郷が生涯で読んだ本の数は、私の読んだ数の一〇〇分の一にも満たないでしょう。にも拘わらず、西郷は明治維新を牽引する偉大なリーダーになりました。やはり、本は数ではなく、読んだ内容をどれだけ人生に生かせたかが重要なのです。

娯楽としてたくさんの本を読むのも悪くありませんし、若い頃なら乱読も積ん読も学ぶところがあるかもしれませんが、五十代からは無意味な多読はできるだけ避け、実践に生かせる良書との出会いを求めたいものです。

ちなみに、私の書棚には常に一〇〇〇冊程度の本がありますが、これ以上増えないよう、新刊を買ったらそのぶん不要な本は始末するようにしています。蔵書を自慢するような自己満足な読書も、多読同様、意味がないと思います。

# SNSは発信より受信が要（かなめ）。「使えるものは使う」で利用する

ツイッターやフェイスブックなどのSNSは、便利な情報ツールとして、年齢に拘わらず多くの人が利用しています。みなさんの中にも、自分の近況や趣味などプライベートな出来事を発信しているという人も少なくないでしょう。

私はフェイスブックを利用していますが、発信はほとんどせず、もっぱら役立つ情報を入手するツールとして使っています。わざわざ探さなくても、向こうから有用な情報がやってくる。それがSNSの最大のメリットだと思っています。

例えば、私の友人でかつて経済企画庁にいた小峰隆夫（こみねたかお）さんというエコノミストがいます。彼は経済の専門家で、財政基盤を無視した政府の経済政策に対し、フェイスブックを通じて鋭い批判の矢を次々に放っています。これが非常に明晰で、痛快で、かつ私の仕事にも役に立つ。こうした情報がいちいちネットで調べなくても、定期的に手元に届くのですから本当にありがたい。こうした発信は読んで終わりにするのではなく、パソコンのフ

ォルダに入れて保存し、講演などの資料として活用するようにしています。

ちなみに、私は発信された情報に対して、コメントすることはほとんどありません。素晴らしい内容ですから、賛辞を送りたい気持ちは当然ありますが、「感銘を受けました！」「目からウロコでした！」などと本人に送ったところであまり意味はありません。

それにコメントすれば、「返信しなければ」と先方に余計な気や時間を使わせてしまうこともあります。かつて私も、講演で語ったことやビジネスに関して思うところを発信していましたが、コメントに対して返信するのに一苦労でした。

コメントをいただけるのはもちろんありがたいことなのですが、自らのそうした経験を踏まえ、コメントをするのはあえて避けるようにしているのです。

またSNSを利用している人の中には、「登録者数が多いのがいい」と考えている人もいるでしょう。SNSをやるからには、たくさんの人とつながって、活発に情報のやりとりをするのが正解。そう思っている人も少なくないと思います。

しかしやみくもにフォロワーを増やしても、余計な情報が膨大に入ってくるだけです。玉石混交の情報をいちいちすべてチェックしてたら、いくら時間があっても足りません。仕事や生活に便利に活かすはずのSNSが、大切な時間を奪う代物になってしまうのは、決して賢明とは言えません。

私にも覚えがありますが、ＳＮＳで流れてくる情報は、見るともなしに見てしまいます。自分にはあまり関係がなく、見たところでさしてメリットがない内容でも、なんとなく次々に読んでしまい、気づけば結構な時間が経っていたということもあります。

要するにＳＮＳは、ゲームにのめり込んでしまうのと同じ状態が起きやすいもの。そこを踏まえ、「不要なものはシャットアウトする」「使えるものは使う」というスタンスで利用するよう心がけたいものです。

ただ、だからといってＳＮＳなどのデジタルと距離を置くのも損です。

五十代以降になると、ＳＮＳに限らずデジタル全般に苦手意識を感じる人も多いと思います。最近よく使われるＺｏｏｍなどの会議アプリに対しても、「うまく使いこなせるだろうか」と不安を感じる人も少なくないでしょう。

でも、使ってみると案外簡単です。私も最初は不安でしたが、やってみればなんということはありません。「わからなかったら誰かに教えてもらえばいい」と気軽に取り組んだのがよかったのかもしれません。

私の場合、Ｚｏｏｍを使って大学時代のサークルの後輩たちとやりとりをしています。十数人の集まりで、それぞれが興味関心のあることについて調べ、発表し、共有し合うというのを三週間に一度の頻度で行うのですが、これがまた本格的で非常に勉強になる。コロナ禍で直接会えないのは残念ですが、デジタルのおかげで、リアルでワイワイ楽しむのとはまた違う交流が可能になったわけです。

デジタルの功績といえば、不特定多数の人々から寄付を集められる「クラウドファンディング」があります。ネットを通じて、自分が取り組む社会の課題を世の中に投げかけ、活動の資金を寄付してほしいと訴える。目標額が集まり、活動の目的が達成されたら、寄付してくれた人たちに何らかの返礼をする……というシステムです。

私の出身地である秋田に、私自身も支援者として関わっている「わらび座」という劇団があります。全国から多くの人々が見にやってくる伝統ある劇団ですが、コロナ禍で存続の危機に陥(おちい)りました。これを救うためにクラウドファンディングをやり、その結果なんとか持ち堪えられそうだということになりましたが、デジタルがなければこういうこともできませんでした。デジタルが伝統文化を救ったと言っても過言ではありません。

年をとると、つい新しいものに背を向けてしまいがちですが、便利なものはどんどん使うに限ります。無理する必要はありませんが、わからないことは人に教えてもらいつつ、積極的にアプローチしていくのがお薦めです。

# ☑ 第3章のまとめ

- □ 運動習慣を身に付けて、健康維持に努める。
- □ 病気やケガをしても、図太い気持ちで悲観的にならない。
- □ 暴飲暴食はやめて、「控えめな食」に切り替える。
- □ 「世話をしてもらう」より「世話をする」人生を歩む。
- □ 調和のとれた時間の使い方をする。
- □ 何から何まで「医者任せ」にしない。
- □ 暗い、沈んだ雰囲気の時こそ、笑う。
- □ 大切なことはメモし、何度もそれを見返す。
- □ 将来を見据えて、ある程度の蓄えを用意する。
- □ どこに住むかは、目的に合わせて柔軟に選ぶ。
- □ 親しい人を招き、交流の機会を持つ。
- □ 人任せにせず、自分の頭で考える習慣を持つ。
- □ 新聞も、株も、あれもこれも、と必要以上に欲張らない。
- □ ＳＮＳは付かず離れずの関係で、能動的な情報収集にデジタルを使う。

# 第4章

# 百歳に向かって「夢」を持つ

## 「高齢者＝弱いお年寄り」という思い込みは捨てる

内閣府の報告によれば、わが国は「世界に前例のない速さで高齢化が進み、どの国もこれまでに経験したことのない超高齢社会」を迎えているのだそうです。

みなさんは、この報告をどう思いますか？　「高齢社会」と聞いて、どんなイメージを持つでしょうか？　介護負担や社会保障費の増大、医療・福祉業界の人材不足、認知症、孤独死、暴走老人の増加……こうしたマイナスイメージを抱く人も少なくないのではないでしょうか。

確かに、認知症の患者数は現在約四〇〇万人、「十年後には七〇〇万人を突破する」などという話を聞かされると不気味なものすら感じます。「医者も介護者も追いつかなくなるのではないか」「この先日本社会はどうなってしまうのか」という懸念も頭をよぎります。

しかし、いくら不安に思ったところで、高齢化現象を止めることはできません。少子化対策によってバランスを図ることは可能かもしれませんが、人間の寿命が伸びたことによって高齢者の数が増えているわけですから、高齢化問題に対する根本的な解決策はないと言わざるを得ないでしょう。

でも、だからといって悲観的にばかり考える必要はないと私は考えています。というのも、現代では「高齢者=手助けを必要とする病弱なお年寄り」という従来の概念は必ずしも当てはまらないからです。

高齢化社会は止められないにしても、「高齢」の意味をとらえ直すことで、高齢化問題をとらえ直すことができるのではないかと思うのです。

例えば、一九七〇年代は定年が五十五歳で、当時の平均寿命は六十五歳でした。それからさらに二十年がたち、一九九〇年代は定年が六十歳になり、平均寿命は七十歳になりました。

しかし現在、定年は同じく六十歳であるにも拘わらず、平均寿命は八十歳から八十五歳と格段に伸び、それに伴い定年から平均寿命までの期間が二十年から二十五年と、かなり間が空くことになりました。

つまり、七十年代当時の流儀に当てはめて考えるなら、平均寿命が八十五歳なら定年は七十五歳であるべきであり、健康に問題がないなら「七十五歳まで働かなければならない」

ということになるわけです。

現在は企業の事情で六十五歳定年ということになっていますが、今後、定年は七十から七十五歳まで伸び、さらに働ける人は八十歳過ぎても働くという時代が訪れることになるでしょう。

そもそも、今後は少子化が進んで生産人口がますます減少します。そうなると、高齢でも国民の義務として働かざるを得ないということになります。定年の時期も、年金の支給開始時期もどんどん後になる可能性も高くなりますから、働かないと暮らしていけないような時代になっていくはずです。

ですから、五十代のみなさんが高齢期を迎える頃は、「七十歳で定年を迎えたら毎日が日曜日、趣味をしながら遊んで暮らす」ではなく、「歳をとろうと定年を迎えようと、元気な限り働き続ける」時代になるのではないかと思います。

よく「かつては五人で一人のお年寄りを支えていたが、現代は二人で一人を支えている」などと言われますが、これは「高齢者＝支えられる人」だった時代の話であり、現代にもこの認識を当てはめて考えるのは時代遅れです。

これからは、高齢者でも健康なら「支える側」になればいいし、逆に年齢を問わず何らかの事情で働けないなら「支えられる側」になればいい。「年齢」で区切るのではなく、その人の「働ける力」によって、「支える側」なのか「支えられる側」なのかを決めればよいのです。

実際、世の中には健康でイキのよい高齢者がたくさんいます。NHKの『のど自慢』などを見ていると、はつらつとしたユーモラスなおじいちゃん、おばあちゃんがたくさん登場します。

ある九十代の方は、ハリのある歌声を楽しそうに披露し、「ふだんは老人ホームでボランティアをしている」と話していました。そして、八十代の入所者の人に「私は九十ですよ。あなたまだ八十でしょう。がんばりなさいヨ」なんて励ましたりしているのだそうです(笑)。

高齢者が高齢者の面倒を見るというと、何やら殺伐(さつばつ)とした印象を抱きがちですが、それはただの思い込みです。高齢者が高齢者を支えたって、何の問題もありません。年齢に関係なく、困った時はお互いに支え合えばいいのです。

高齢者の持つ経験や見識は、日本社会を支える貴重な「資源」です。この貴重な資源を生かして、イキイキと暮らすお年寄りがたくさんいる、豊かな「長寿社会ニッポン」になればよいのです。

## 「手が届く、ちょっと上の夢」を具体的に描く

私は、人はいくつになっても夢を持つべきだと考えています。夢を描くのは若者の特権とは限りません。あらゆる経験を積み重ねたからこそ描ける夢だってあるはずです。

ただし、大きすぎる夢を持つのはお薦めできません。

これから夢を持つなら、「手の届くものよりも、ちょっとだけ上」くらいがいいでしょう。「ちょっと無理かな。できるかな。でもやってみよう」という気持ちで臨めるものがいいと思います。

また、漠然と「○○になりたい」という夢を描くのではなく、具体的に目標を立てられるものがいいでしょう。

例えば、囲碁に挑戦して初段を目指す。お遍路さんになって四国八十八ヶ所すべてを巡礼して回る。こんなふうに目指すべき具体的目標があると、モチベーションが高まり、夢を追うのがとても楽しくなるのではないかと思います。

一方、私の知り合いで、定年後そば打ち名人になった人がいます。彼は五十代後半からそば打ちの修業を始め、今やその腕前は「そば打ち三段」。そば打ちの全国大会では決勝まで勝ち進んだこともあると言います（そば打ちにも段位があります。アマチュアを対象とした段位認定制度で、そば打ちの技能のほか、そばに関する知識、普及貢献度などによって段位が授与されるそうです）。

わが家では、毎年彼の打ったそばを年越しそばとしていただきますが、彼は大晦日には朝三時に起きて、二五〇人分ものそばを打つのだそうです。商売にしているわけではないし、体力的に相当しんどいのではないかと思いきや、本人はきわめて楽しそうに、打ったそばを知り合いに振る舞っています。

体力と頭を適度に使いながら、好きなものを楽しく作り、それを贈った人からはとても喜んでもらえる。このようなかたちで「夢」を達成できれば、これほど幸せなことはないかもしれません。

新しいことにチャレンジしなくても、「長年コツコツやってきた趣味」で夢を叶える人もいます。

私の大学時代の友人で、水彩画のコンクールで入選を果たし、その作品が新国立美術館に展示されたという人がいます。

どんな絵を描いているのか、楽しみにしながら美術館を訪れた私は、その絵を見て度肝を抜かれました。素人の絵とはとても思えない、それはもう言葉にできないくらい素晴らしい作品だったからです。

彼女が昔から絵を描いているということは知っていましたが、これほどの腕を持っているということは、おそらくかなりの歳月を費やして描き続けてきたのでしょう。長年の積み重ねが晩年になって花開く、感動的な夢の叶え方ではないでしょうか。

また、私の先輩の奥さんで、写真に夢中になっている女性もいます。彼女は写真仲間と連れ立って、欧米からアフリカまで世界各地を飛び回って写真を撮り、仲間と一緒に写真展を開催しています。

彼女の作品もプロ並みの優れたものばかりですが、写真以外にゴルフもやる、そして旦那の世話もする、「忙しくてしようがない」といつも笑顔でアクティブに活動しています。

こういう女性たちに比べると、残念ながら男性は今ひとつ元気がありません。仕事をとってしまうと、本当に動きが鈍くなってしまいます。五十代以降の「夢を追う」行動力については、男性は女性を見習うべきかもしれません。

「好きなこと」以外に、「学ぶこと」を夢の目標にするという人もいます。

かつて七十三歳で駒沢大学仏教学部に入学した萩本欽一さんのニュースが話題になりましたし、私の娘の旦那のお母さんも、六十歳を過ぎてから中国に留学しました。私の後輩も六十二歳の時に会社を辞めて大学に入り直し、その後僧侶になって円覚寺というお寺の副住職になりました。

住職といえば、最近は「定年出家」もよく耳にします。公務員だった私の友人で、定年後あちこち巡礼して歩き、これから寺に入りたいと考えている人がいますが、現在お寺は跡継ぎがいなくて困っているところも多いようですから、「第二の人生を仏門に捧げよう」と考える人にとってはチャンスかもしれません。

ちなみに、「自分はこれといって夢もない、趣味もない。働くしかない」という人は「働くこと」を夢にすればいいのです。お金を稼ぐことよりも自己実現できる場を見出して、誰かのために、思いっきり、働く。それもまた、五十代からの素敵な夢ではないでしょうか。

## 「共感してつながる喜び」を体験する

私は、歳をとるのはありがたいことだと思っています。若い頃にはまるでわからなかったことが、この歳になるととてもよくわかるようになるからです。

世の中、仕事ができるからといって出世できるとは限らない。「運」もあれば「好き嫌い」もある。人生は必ずしも理屈通りにいかないものだということが、五十を過ぎると腑(ふ)に落ちてわかるようになります。

また、歳を重ねるとものの見方や本の読み方も変わります。深読みができるようになり、共感的に物事を考えられるようになります。共感的になると人とつながりやすくなり、「誰かのために何かをしてみよう」という気持ちも芽生えやすくなります。四十代では、なかなかこうはいきません。

私は『ビッグツリー』を出版して以後、十数冊近く本を出し、累計部数一八〇万部以上を達成しましたが、これほどたくさんの本が売れたことを心底うれしいと感じています。

それだけ人様に認められ、自分の考えに共感してくれる人が大勢いたということだからです。

それに、努力に対して反響があると「よし、次もがんばろう」「今度はこうしてみよう」とやる気がわいてきますし、「期待して待っていてくれる人がいる」と思うとワクワクしてきます。「コツコツがんばって二〇〇万部を目指すぞ！」という野心も出てきます（笑）。

このように、見返りよりも「誰かのため」を意識して働くと、喜びややりがいが生まれ、自分自身がさらなる成長へと導かれます。有償（ゆうしょう）か無償（むしょう）かに拘わらず、「社会貢献」を意識して働くことも、五十代からの大切な心がけではないでしょうか。

私は以前、「こころの健康政策構想実現会議」という団体の活動をサポートしていました。

当時は講演料や印税を寄付するなど金銭的ボランティアしかできませんでしたが、執筆などの仕事がひと段落したら、こういう活動に何らかの貢献をしたいと考えていました。

残念ながらいろいろな事情でこの会の活動は休止していますが、うつ病や自閉症、統合失調症、アルコール依存症など、さまざまな精神疾患の患者とその家族を支援する活動に関わることは、大変意義あることだと思います。

私は以前「横浜市自閉症児・者親の会」の副会長をしていたことがありますが、会社を辞めたら所属メンバーとともに何かやろうと考えていました。

でも、親の会は横浜だけでなく他の市町村にもあります。精神疾患も自閉症だけでなくいろいろあります。同じ心の病なら、みな悩んでいることは同じはずです。それなら地域や病気を限定せず、まとめて一つの組織にしたほうがいいのではないかと考えていました。

何しろ、日本の精神疾患の患者数は四〇〇万人、病院に来ない人とその家族の数も含めると、その数はざっと二倍近くに上ると考えられます。小さな集まりよりも大きな集まりで活動したほうが、経験も知恵も共有できて、組織としての力も強くなるに違いありません。

日本の精神医療は他の先進諸国に比べて法制度も医療体制もはるかに貧弱です。患者やその家族に対するサービスも不十分ですし、ハンディを抱えた人が安心して暮らせる社会とはほど遠いと言わざるを得ない現状です。

私は、障害者も健常者も、男性も女性も、子どもも老人も、みんなが助け合い補い合って生きる「多様性のある社会」をつくることが重要だと考えています。均質な社会に比べて多様性のある社会のほうが、しなやかで強く、誰もが安心して生きやすい社会だからです。

手を差し伸べ合い、共感し合い、つながり合える社会の礎になる。私はシニア世代のボランティア活動には、そんな使命があるような気がしています。

といっても、何も特別に高い志や意識が求められるわけではありません。空いている時間や休みの日を使って、自分ができること、得意なことをやればいいのです。

例えば、リクルート出身の藤原和博（ふじわらかずひろ）さんが校長を務めたことで知られる杉並区の和田中学校では、「土曜日の寺子屋（通称・ドテラ）」といって、土曜の午前を利用して学生や一般の人が学習ボランティアとして中学生に勉強を教えています。

これに倣（なら）って、部活の指導をしたっていいし、お習字やそろばんを教えたりしてもいい。保育園が足りないなら、地域のおじいちゃん、おばあちゃんが働くお母さんに代わって子どもを預かってもいいでしょう。

教育や保育以外にも、街づくりや防犯など社会から求められる活動はたくさんあります。何らかの活動を糸口にして、ぜひみなさんの能力を社会の「世直し」のために役立てて下さい。

# 清潔で品のある「恋心」を楽しむ

誤解を恐れずに言えば、私は、人はいくつになっても「恋心」を持つべきだと思っています。結婚していようがいまいが、関係ありません。五十代以降こそ、積極的に「恋」をしていただきたいものです。

といっても、私は何も不倫をすすめているわけではありません。焦って結婚しろと言っているわけでもありません。私が言いたいのは、「結婚したらもう男（女）として終わり」とか「自分はもう枯れているから」などと考えず、異性に対する関心を失わないでほしいということなのです。

ただし、男性が女性に恋心を持つ場合、ちょっとした注意が必要です。それは、容姿やスタイルなど表面的な部分より、その人の性格や生き方など内面的な部分を見るということです。

どんな女性に魅力を感じるかは人それぞれですが、「見た目」や「下心」だけの恋心ではただのスケベ親父です。容姿やスタイルも大切かもしれませんが、恋をするというのは、やはり相手の優れた人格、学ぶべき品格に対してということです。

五十代の恋心はあくまで相手に対する「リスペクト」、人間的に尊敬できるかどうかが大切なのです。


とはいえ、異性に対して「まったく下心なし」というのもないでしょう。人としてのリスペクトは当然ですが、「異性としての魅力」を感じなければそもそも相手に関心がわかないでしょうし、積極的につき合いたいと思わないでしょう。

恋とは少し違いますが、私にはさまざまな年齢の女友だちが何人かいます。みな人としてはもちろんですが、女性としてもたいへん魅力的です。

向こうが私を異性として意識しているかどうかはわかりませんが、私は彼女らと末永く友だちでいたいと思っていますから、自分がどう見られているかを気にするより、相手が私にどうしてほしいのかということを考えます。

話を聞いてほしいのか、あるいはアドバイスがほしいのか。相手が自分に何を求めているのかをそれとなく察し、相手の立場に立つようにしています。すると、相手はおのずと心を開いてくれ、私のことを一人の男友だちとして認めてくれるようになります。

このように、相手に何かを要求したり期待したりするのではなく、相手の求めに応じて提案したり受け入れたり、気持ちよく過ごせるように配慮してあげれば、年齢に拘わらず異性との楽しい関係を長続きさせることができます。

壮年にかけての異性とのつき合いは、こんなふうに清々しくて思いやりのある「下心」で接すると楽しいのではないかと思います。

しかし、人生五十年も生きていると、理性的な恋心ではすまないこともあります。パートナーがいるにも拘わらず、別の異性に本気で恋をしてしまい、身も心も焦がすような苦しい恋愛に陥ってしまう……そんな熱烈な恋愛に身を投じることもあるかもしれません。

私は、こういう恋愛を邪なものと断じるつもりはありません。むしろ憧れの気持ちさえ抱かなくもない（笑）。私自身は破滅的な恋愛に溺れるタイプではありませんが、年齢を重ねても異性を虜にできるのは、人として素晴らしいことだと思います。

例えば、岸惠子さんの書いた『わりなき恋』という小説に、ひと回り近くも年下の男性と恋に落ちる七十歳の女性が登場します。

二人は飛行機のなかで出会い、互いに惹かれ合って「わりなき」（理性では割り切れない）関係になりますが、七十代になっても年下の異性を魅了し、性愛で結ばれるというのは、女性としてすごいことだと思います。

歳を重ねてもみずみずしさが失われず、無邪気でありながら謎めいた部分もある。そんな掴(つか)みどころのない色香を持つ異性に、人はいくつになっても恋をしてしまうのではないでしょうか。

しかし、どれほど恋愛が素敵だと言っても、いくつになっても恋愛ゲームをやり続け、離婚や結婚をくり返すのは愚かです。

私の知人で、六十代で三度目の結婚をした男性がいますが、この調子で恋愛をくり返せば、いずれ誰からも相手にされなくなるかもしれません。今はまだいいかもしれませんが、人生九十まで続くわけですから、先のことも考えて行動しなければ孤独で惨めな人生を送ることになりかねません。

そもそも彼は「女を落とすのが得意だ」と豪語し、心理的に弱い部分をついて相手をものにするのだそうです。恋愛は正々堂々真正面から勝負すべきです。相手の気持ちを汲むという意味では彼は天才的ですが、恋愛をハンティングとして楽しむようなやり方に、私は与(くみ)したくはありません。

## 「若い世代の流行」に関心を持つ

四十代まではそうでもなかったのに、五十を過ぎたら若い世代とは話が合わなくなった、日常会話や言葉遣いに大きな隔たりを感じるようになった、という人は少なくないのではないでしょうか。

こうしたジェネレーションギャップに戸惑いを感じて、若者との交流を億劫(おっくう)に感じたり遠ざけたりしてしまうこともあるかもしれません。でも、私は若い人たちの話題や流行にあえて関心を持つようにしています。

例えば、私の娘はエステサロンを、次男は眉毛サロンを経営しています。私くらいの年代にとってはエステもサロンも関心の埒外(らちがい)ですし、ましてや眉毛サロンなんて存在すら知りませんでした。普通に考えれば、「何だ、それ」で終わってしまうかもしれません。

でも、そこを「何だ、それ」で終わらせず積極的に関心を持ってみると、世の中で起きている、じつに興味深いさまざまな現象に気づくことができます。

そもそも眉毛サロンとは何かというと、その人の希望に合わせて眉毛のスタイリングや施術（せじゅつ）を行うお店です。もともと次男の奥さんが銀座でネイルサロンを経営していたのですが、ネイルサロンは競合相手も多く、何か別の事業を展開する必要がある、そこで思いついたのが眉毛サロンでした。

最初は男性向けの美容サロンを考えたそうですが、「男は美容なんかにお金をかけない、でも眉毛なら手入れを求めている人も多いのではないか」そう見込んで若い男性の美容について調べてみたところ、予想通り眉毛ケアに対する関心がとても高いことがわかったのです。

彼らの読みは見事に当たり、期待以上の集客に成功することができました。その後ライバル店も増えているようですが、先発グループとして順調に経営が進み、オープンからわずか一年以内で採算ラインに乗ることができたと言います。

ちなみに、店の客の半分は男性サラリーマン、平日の昼間にも拘わらず、多くのお客さんが訪れるのだそうです。

私からすれば、「真っ昼間に仕事もせず眉毛の手入れなんて言語道断！」と言いたいところですが（笑）、サラリーマンが会社をサボって眉毛サロンに通っていることも、若い男性が容姿を気にして眉毛にお金をかけていることも、今の日本社会の一面を表す現象として捉えると、非常に面白いなあと感じます。

しかしよくよく考えてみると、「容姿や見かけにお金をかける」という現象は何も若者に限ったことではなく、現代の日本社会のあらゆるところで見受けられます。

例えば、先日あるテレビ番組に某大手企業の社長が出演し、現在の映像と一緒に彼の昔の映像が流されていましたが、その映像を見比べると今のほうがはるかにあか抜けています。メガネから背広まで、身に着けているものが明らかに洗練されているのです。

つまり、見た目を気にするのは現代の若者の特長ではなく、社会全般の風潮であるとも考えられます。こんなふうに、若い世代の流行に関心を向けてみると、現代社会に底流する考え方や価値観の一端を窺(うかが)い知ることもできます。

ちなみに、次男は美容業界で働いていたわけでも、サロンを経営した経験があるわけでもありません。

彼は就職氷河期の世代で、自分に合う職場を見つけられないまま職を転々としていたので、会社勤めの経験もほとんどありません。ですから「眉毛サロンを自分で経営してみる」と聞かされた時は正直驚きと不安を隠せませんでした。

もちろん、親としては全力で応援してやりたい気持ちでしたが、素人考えで始めて成功するほどビジネスは甘くありません。私は心を鬼にして「本当に儲かるのか。勝算の根拠はあるのか」と次男に問いただしました。

すると、彼は自ら調べたことや体験して得た状況を具体的に報告し、「これならやる価値がある」と私を納得させ、開店に必要な販売計画書を提出してきました。

それから二カ月後に店をオープンさせ、あっという間に満員御礼です。わが子ながら大したものだと思いますが、会社員としての経験をろくに積んでいない若者が、アイデアと工夫で小さなビジネスを起こしたというのも、今の世の中を象徴する興味深い現象と言えるかもしれません。

このように、子どもや孫の世代に関心を持ってみると、刺激的で面白い発見にたくさん出会うことができます。映画や音楽など、若い人の間で流行している文化のなかにも豊かで美しいものがたくさんありますから、「世代が違う」と拒(こば)んでしまうのはとてももったいないことではないかと思います。

若者の流行や文化にどんどん首を突っ込んで、「面白そうなもの探し」を自ら試みるのも若さを保つ秘訣です。ジェネレーションギャップを怖れず、積極的に楽しんでみてほしいものです。

# 「振り込め詐欺」から家族の絆を考える

高齢化社会が進むに従い、劇的に増加している犯罪があります。そう、「振り込め詐欺」です。二〇二〇年度の被害総額は二七七億円、なんと一日に約七千五百万円ものお金がだまし取られているという計算になります。

警察も撲滅(ぼくめつ)に力を入れていますが、高齢化が進む限りこの犯罪は増え続けるでしょう。何しろ人からお金をだまし取ろうと考える輩にとって、老後の貯えを持つ高齢者はうってつけの金蔓(かねづる)です。高齢化社会は金蔓が増えるということであり、振り込め詐欺は「成長産業」のひとつということになるわけです。

「犯罪なのに成長産業だなんて」と思うかもしれませんが、一度の電話で何百万も稼げると考えれば、これほど割のいいビジネスはありません。逮捕されるリスクもありますが、元締めは捕まらないよう巧く組織化されていますから、ハイリスクハイリターンで収益を上げるビジネスと理屈は一緒です。

ビジネスとして成り立つ以上、この手の犯罪はそう簡単にはなくなりません。今後さらに高齢人口が増えれば、多くの人がターゲットにされる可能性が高くなります。振り込め詐欺は他人事ではなく、もしかしたら自分の親が、あるいは自分自身が、ある日突然ターゲットにされる危険があると考えておくべきです。

実際、私の身近にいる知人女性も、兄を装った振り込め詐欺の電話がかかってきたことがあるそうです。幸い彼女は向こうの要求を聞く前に、一方的にしゃべって電話を切ったため、お金をだまし取られることはありませんでしたが、あまりにも巧妙で本物の兄だと信じて疑わなかったそうです。

ちなみに、その女性はお年寄りではなく、現役バリバリで働いている五十代のビジネスウーマンです。そんな人でさえ信じてしまうのですから、敵も相当な手練（てれん）です。卑劣としか言いようがありませんが、彼らは「窮地を救ってやりたい」という家族の心理につけ込んで攻撃をしかけてくるのです。

「自分は大丈夫、そんなものにはひっかからない」と確信していても、家族の名前を出されれば動揺せずにはいられないものですし、ましてや子どもの名前など出されたら、冷静な判断どころではなくなるはずです。

皮肉なことですが、家族に対する思いやりが強く、「何とかしてあげたい」という情が深い人ほど危ういのかもしれません。大切な絆を逆手に取られないよう、私たちは知恵をつけておく必要があるのです。

そもそも、絆とは何でしょうか。

私は、絆とは相手を尊重し思いやる努力によって生まれると思っています。

最近では、長引く不況から仕事一辺倒の働き方を見直し、帰宅時間を早めるサラリーマンが増えていると言われます。

家族との時間を大事にし、少しでも絆を強めようと考える父親が増えるのはもちろん好ましいことですが、家族の絆というのは、一緒にいる時間が長ければ深まるというものではありません。

何度かお伝えしたように、私は六歳で父を亡くし、残された母は四人の子どもを育てるために休みなく働いていました。ですから家族がともに過ごした時間はほんのわずかです。にも拘わらず、私たち家族はよその家族よりも結束力が強く、深い絆で結ばれていると自負しています。たとえ短い時間でも、母が私たちに深い愛情を注ぎ、生きていくのに必要な教えをたくさん話して聞かせてくれたからです。

私自身も母に倣(なら)い、自閉症の長男と病気の妻を抱え、多忙な仕事に悪戦苦闘しながら、できる限りの愛情を家族に注いできました。すれ違うことも、うまくいかないことも少なくはありませんでしたが、今こうして家族との満ち足りた時間を過ごせるのは、絆を見失わないよう必死に努力したからだと思うのです。

努力して築いた絆は、ちょっとやそっとでは揺らぎません。家族どうしの信頼関係をひときわ強め、巧妙化する詐欺集団の魔手（ましゅ）をはねのける有効な予防線になるのではないでしょうか。

ひと昔前に比べて、社会の人間関係はずいぶん希薄になりました。仲が悪いわけではないけれど、あまり干渉し合わない。家族でさえ、そんな関わり方が増えているのではないかと感じられます。

学校に行かない。家にも帰ってこない。その挙げ句殺人事件に巻き込まれた子どもたちのニュースを観ると、一体周囲はどんな関わり方をしていたのか、家族に何が起きていたのかと、やりきれない気持ちにさせられます。

見知らぬ人と関われとは言いません。せめて身近な人だけでも、自分から本気で関わってみませんか。家族、親戚、親友、会社の仲間……受け身ではなく、相手に積極的に関心を持つことが、強い絆への大切な一歩です。

## 「三年」をめどに時間を有効活用する

歳をとるにつれて、時間の流れは早くなります。三十代よりも四十代、四十代よりも五十代、五十代よりも六十代、と年齢が上がるほど時が経つのが早く感じられ、「時間が足りない」と感じることもしばしばでしょう。

ですから、五十代以降は「のんびり構えてあれもこれも」ではなく、やるべきことを選別し、限られた時間を有効に使う心がけが必要です。

ただ、五十代は「迷える年代」であるのも確かです。チャレンジ精神もまだまだ旺盛な一方で、「人間あきらめが肝心」と割り切らざるを得ないことも少なくありません。

「五十にして天命を知る」と言いますが、「五十代でもまだ迷っている」「知ることになったのは自分の限界ばかりだ」と焦り（あせ）を感じている人もいるでしょう。私自身も、五十代後半で左遷（させん）の憂（う）き目を見ましたから、「天命」を知るのがいかに難しいか、よくわかります。

しかしこの年齢にもなれば、迷いや不安を解決する方法も心得ているはずです。同僚や先輩に相談したっていいし、子どもや連れ合いを頼ったっていい。自分一人で悩む必要はありませんし、立場や年齢を気にしすぎるのも無意味です。

そもそも孔子が『論語』を唱えたのは今から二五〇〇年前、平均寿命が三十五から四十代という時代です。現代に当てはめるなら、四十代か五十代かではなく「壮年にかけて自己形成できる気概を持つ」というつもりでいれば十分でしょう。

ついでに言うと、孔子の教えは何も偉人になることや成功することを薦めているわけではありません。飲んで食べて遊ぶことも人生大事であると説き、聖人君子より俗人として生きる面白さについて語っています。

俗人でかまわない。自分の生き方や考え方をなるべく早く確立し、自分がこの世でなすべき役割を知る。そのためには目の前の仕事に真摯に向き合い、漠然とではなく限られた時間を有効に使うことが大事だということなのです。

私の場合、五十代までは仕事、家事、妻の看護と非常に多忙でしたから、時間が経つのが早いと感じることはほとんどありませんでした。時の流れをしみじみ実感する余裕はなかったわけです。

でも六十代に入って環境が変わり、妻の病気も回復して時間に余裕ができると、本を読んだり映画を観たり、余暇を楽しむ時間が増えていきました。毎日が単調になり、時間が経つのが早く感じられるようになるだろうと想像していました。

しかし、その後間もなく『ビッグツリー』の出版をきっかけに本の依頼が増え、単調でのんびりした日々どころではなくなりました。何しろこれまでのビジネスとは全然違う仕事ですから、新たに勉強すべきこと、考えるべきことが山積みです。私はふたたび多忙な日々に舞い戻ることになりました。

でも、こうした忙しさのなかで時間をやりくりして使うと、仕事以外の時間がとても充実して感じられます。仕事の合間を縫って読む本や観る映画はとても楽しく、格別の印象で心に残ります。

余暇や娯楽は、やはり仕事をしていてこそ、その楽しさを実感するもの。仕事もやる、合間に趣味や旅行も楽しむ。限られた時間を充実させるには、このバランスが重要なのではないかと思います。

ただ、仕事にしろ余暇にしろ、その時さえ充実していればいいというわけにはいきません。夢中になれるのはいいことですが、漠然と過ごしていては、限られた時間を有効に使うことはできません。

では、限られた時間をうまく使うにはどうすればいいか。私は何か物事をする際には、だいたい三年をめどに計画を立てるようにしています。

例えば、最初の本を書いてから次のベストセラーが出るまでが約三年、その後さらに三、四年間かけてさまざまな出版社から十数冊の本を出しましたが、そろそろやり尽くした感がありますので、頃合いを見て次は障害者の支援活動にシフトします。

障害者雇用のシンポジウムで講演をしたり、企業や学校の勉強会で講師をしたり、この活動も概ね三年を目安に関わる予定ですが、やがてそれに関連して、小中学校や官公庁など教育の現場にも携わっていくことになるかもしれません。

そうなると、また新たに必要なスキルや知識を身に付けなければいけませんから、さらにやるべきことが増えていきます。この調子でいくと「時間が経つのはあっという間だ」と実感するのはまだまだ先のことになるかもしれません。左遷（させん）されて「もうやることがなくなった」と黄昏（たそがれ）ていた当時が、今はまるでウソのようです（笑）。

このように目の前のことを一生懸命やっていると、必ず次のテーマがやってきます。そして次、そのまた次と新しい出会いをくり返すなかで、人はおのずと自己形成されていくのではないでしょうか。

# 「座右の書」を持つ

「多読家に仕事ができる人は少ない」と前にお話ししましたが、じつを言うと、かつての私は人並み外れた多読家でした。「たくさんの本を読むことが成長につながる」と幼い頃から教えられてきましたし、自分でもそう信じていたので、むさぼるように本を読みまくっていたのです。

でも、若い頃のある失敗をきっかけに考え方を改めました。

あるビジネス理論に関する本を読み、そこに書かれていた内容を盲信して事業戦略を組み立てた結果、大失敗してしまったのです。

そもそも本に書かれていることは参考にすぎず、そのまま実践に当てはめてもうまくいくとは限りません。目の前のビジネスをしっかりと掘り下げ、分析し、事業全体の正確な事実を把握したうえで戦略を考えるべきだったのに、私はそれを怠り、本の知識だけに頼って事業戦略を立ててしまったのです。

この失敗を教訓に、私は「考える力を伴わない読書は百害あって一利なし」と考えるようになりました。本を読むなら批判的に読まなければ意味がない、本から得た知識は実践に落とし込んで初めて役に立つ、ということに気づいたのです。

それ以来、私はたくさん読むことをあまりしなくなりました。「これぞ」という本を厳選し、精読する。そして要点を手帳に書き記すことでそれを血肉化する、という読書スタイルに変えたのです。

このように、少ないながらも深く濃く本とつき合っていくと、自分の人生を支えてくれる「座右の書」と出会うことができます。

例えば私の場合、「座右の書」といえば何と言ってもキングスレイ・ウォードの『ビジネスマンの父より息子への30通の手紙』です。本書のなかでも何度か触れましたが、この本は私にとって分身といっても過言ではないほどの特別な本です。

「礼儀正しさにまさる攻撃力はない」「友情は手入れが必要」など本書に登場する数々の至言は私の人生の拠り所となり、拙著『働く君に贈る25の言葉』などもこの本に大いにインスパイアされたと言っていいでしょう。

また、「組織のリーダーとはどうあるべきか」という私の命題に深い示唆を与えてくれた本に、梯久美子氏の『散るぞ悲しき　硫黄島総司令官・栗林忠道』（新潮文庫）があります。この本は太平洋戦争末期の激戦地・硫黄島でかつてない持久戦を展開した陸軍中将・栗林忠道の姿を描いたノンフィクションです。

栗林中将は硫黄島の戦いで壮絶なゲリラ戦を展開し、「アメリカを最も苦しめた闘将」として知られる人物ですが、本書では彼が妻や子に宛てて書いた四十一通の手紙をひもとき、勇猛果敢な戦略家とは別の知られざる中将の顔を描き出します。

また、当時大本営によって新聞発表された玉砕の訣別電報と、中将の遺族が保存していた電報原文との違いを突き止めることで、これまで明かされることのなかった中将の真意に光りを当て、軍人としては異色とも言えるきめ細やかな姿を、リアリティのある鮮やかな筆致で伝えています。

本書を読むと、リーダーとは何かについて改めて考えさせられます。リーダーには、自らの頭で冷静に現実を見きわめる「現実把握力」が求められると私は考えていますが、中将の生き様に学ぶなら、何より必要なのは「周囲に幸せを運ぶ人間である」ということだとわかります。

優れた戦略家であり、人格者であった栗林中将の姿は、経営トップとして、父親として、私に多くのことを教えてくれるのです。

最後にもう一冊、長男の自閉症に加えて妻がうつ病になり、「不幸のどん底だ」とわが身を嘆いた私に救いの手を差し伸べてくれた本があります。ユダヤ人の精神科医・ヴィクトール・フランクルの書いた世界的ベストセラー『夜と霧』です。

フランクルは、ナチスの強制収容所でいつ命を奪われるかもわからない絶望的な状況にありながら、周囲の人々を励まし、たとえどんな運命にあろうと前向きに努力することが生きる力になると説きます。

彼の過酷な境遇に比べたら、自分の悩みなど取るに足らない。この本によって自分自身を鼓舞（こぶ）すると同時に、「運命を受け入れ、全力で使命を果たす」ことの意味を悟ったのです。

じつを言うと、私は三十代の時にこの本を読んだことがありました。その時は多読のなかの一冊にすぎませんでしたが、五十代で読み直した時、かつては読み取れなかった「生きる意味」「運命を受け入れる」という言葉の意味が、目から鱗が落ちるように理解できたのです。

同じ本でも、年齢によって読みが深まり、本の価値ががらりと変わることもあります。難解だと思っていた本に感動したり、シンプルな本に真理を見ることもあるかもしれません。「座右の書」は、意外とあなたの身近にあるのではないでしょうか。

## 「人智を超えたもの」と出会う旅をする

「お天道様が見ている」という言葉があります。

みなさんは、この言葉をどう思いますか？　「お天道様」を信じますか？

私は「お天道様」というのは「人智を超えた超越的な力を持つ存在」のことだと考えています。「神様」と言い換えてもいいかもしれません。私は特定の宗教を信仰しているわけではありませんが、神様のような存在がこの世にいると考えたほうが正しいのではないかと思っています。

なぜ私がそう思うようになったのか。そのきっかけは、東レで社長を務めた前田勝之助さんにこんな話を聞かされたことでした。

「自分はこれまでに世界中あちこちを回っていろいろなものを見てきた。そのなかで特に感動したものが三つある。エジプトのルクソール、ネパールのヒマラヤ、それに山形県湯殿山にある即身仏だ」

即身仏とは、善行を重ね世のため人のために尽くしてきた僧侶が、山に籠って厳しい修行を重ね、最後は土中の石室に入って衆生済度を祈りながら、座禅を組んで死を迎えたものです。

私はこの話を聞いてさっそく湯殿山を訪ね、即身仏を拝んできました。山形にある即身仏のうち四体を訪ねたのですが、最も印象に残ったのは瀧水寺金剛院大日坊の即身仏でした。

その姿、その志の何と神々しいことか。厳しい修行を積んだ僧侶が、世の安寧を一心に祈りながら入定したという偉業の重みが、ひしひしと伝わってきたのです。

即身仏の姿を前に、私は頭を垂れずにはいられない気持ちになりました。いかに家族のため、会社のために日々がんばっているとはいえ、民衆を救うため生きながら仏になる苦行を志した即身仏に比べれば、そんな努力はちっぽけなものにすぎないと思い知らされたからです。

それに何より衝撃的だったのは、即身仏の放つ圧倒的なエネルギーです。もはや言葉では言い表せない大きな「気」のようなものが伝わってきて、人智をはるかに超えたものが持つ途方もない存在感を感じたのです。

こういう体験をすると、理屈抜きに手を合わせたい気持ちになります。ひざまずかずにはいられない厳かな気持ちにもさせられます。人間の力でできることなどたかが知れている。たとえ何か物事を成し遂げたとしても慢心してはならない。そんな謙虚な気持ちにさせられます。

人は歳を重ねベテランと呼ばれる年代になると、肩書きや経験から己を過信し、自らを律する心を忘れがちになります。超越的なものを信じるということは、驕りやうぬぼれを戒め、私たちを謙虚な気持ちに導いてくれます。

謙虚になるということは、器の一回り大きい、安定感のある人間になるということです。安定感のある人は、周囲から愛され慕われながら、満ち足りた穏やかな顔で生きている人が多いものです。

といっても、私は何も信心深い人間になれと言っているわけではありません。人を謙虚にしてくれるのは、即身仏のほかにもいろいろあります。人智を超えた偉大な力を感じるには、身震いするような、ものすごい感動を経験することが大切ではないかと思います。

例えば美術館で絵画や彫刻などの芸術作品を鑑賞したり、博物館で歴史的価値の高い展示品を見たり、息をのむ素晴らしい絶景を目の当たりにすることも、大きな感動を体験することにつながります。

今から何年も前ですが、新婚旅行で初めてルーブル美術館やベルサイユ宮殿を訪れた時、そのとてつもない威厳と華やかさに胸を打ち抜かれました。当時は今ほど情報もありませんから、実物を前にした感動もひとしおです。

建造物ばかりでなく、ドゴール空港からパリ市街へ向かう道にも、ムーランルージュで観たフレンチカンカンにも、私の胸は激しく高鳴りました。やはり本物の持つインパクトは、見る者に特別なエネルギーをもたらしてくれるものです。

ちなみに申し込んだツアー費用は二人で約一二〇万円、当時私の給料が四万円程度だったのでローンを組んで旅行に行きました。身の丈(たけ)以上の贅沢だったかもしれませんが、お金以上の価値を得た素晴らしい体験だったと思っています。

その後も、私は海外出張があると必ず一日だけプライベートな時間をつくって、博物館や美術館など本物に接する機会を設けていました。「仕事なのに観光なんて」と快く思わない人もいましたが、せっかくのチャンスをむざむざ仕事だけで終わらせるほうがよほど罪悪です。

目の前の現実だけに追われて日々生きていると、視野が狭まり、人としての器量も小さくなります。本物を見て、圧倒されて、「お天道様」を拝む。五十代からはそんな体験を自ら積んで、謙虚な心を養いたいものです。

# 葬式と墓は「残された者のため」と心得る

世界保健機関が発表した「二〇二一年度版世界保健統計」によれば、日本人の平均寿命は女性が約八十七歳、男性が約八十一歳、男女平均が八十四歳で世界最長なのだそうです。こういうデータを見ると、「五十代、六十代は死ぬには早い。お迎えがくるのは相当先の話だ」と思うかもしれません。

しかし、そうはいっても人生の半分を過ぎてしまったわけですから、体力、気力ともに三十代、四十代の頃のようなわけにはいきません。加齢による衰えから、「老い」を実感させられることも少なくないと思います。

「考えたくないなあ」という人もいるかもしれませんが、やはり残された家族のためにも、いざという時の「お別れ」の準備をそろそろ考えておきたいものです。

この「お別れ」の準備は大きく分けて三つあると思います。一つ目はお金など遺産に関わること、二つ目は医療や介護に関わること、三つ目はお葬式についてです。

一つ目に上げた遺産は、遺言のなかの最重要事項です。遺産はよくも悪くも、残された者の人生に大きな影響を及ぼしかねないからです。

私たち家族は長年にわたるさまざまな試練のなかで、盤石（ばんじゃく）の絆を築いてきたと思っています。しかし、どれほど強い絆で結ばれていようと人間何が起きるかわかりません。どうしようもなくなって、もめ事を起こしてしまう可能性がないとは言い切れないのです。

残された者に余計な争いの火種を残さないためにも、遺産相続については正式な文書として作成しておくべきでしょう。

ちなみに、うちの場合、相続については何と言っても自閉症の長男のことを中心に考えています。現在は、長女が彼の面倒を見ることになっていますので、それを考慮した内容になるよう私なりに知恵を絞りました。

とはいえ、一番の願いは兄弟仲よく、助け合って生きていってほしいということです。これ以上望むことはほかにないと言ってもいいくらいです。

二番目の医療や介護については、家族に対する精神的負担を少なくすることを一番に考えた結果、日本尊厳死協会に入会することにしました。

日本尊厳死協会では、命の末期を迎えたら「延命措置（そち）を控え、苦痛を取り除く緩和に重点を置いた医療に最善をつくしてもらう」ことで安らかな最期を迎えたいという人々のために「生前意思=尊厳死の宣言書（リビングウイル）」の作成・発行を支援しています。

内容をかいつまんで紹介すると、

「①死が迫っていると診断された場合、死期を引き延ばすだけの延命措置はお断りする。②正しく苦痛を和らげるための十分な緩和医療を行ってほしい。③植物状態に陥った時は生命維持装置をとりやめてほしい」

といった宣言書に署名し、家族や友人などに配っておくのです（この宣言書は意に添わなくなった場合はいつでも取り消すことができます。詳しくは「日本尊厳死協会のホームページ」などでお調べ下さい）。

「たとえどんな状態になっても生きていたい」という人も少なからずいると思いますが、私はそう考えていません。人工呼吸器をつけて酸素を取り入れ、胃に穴をあけて胃ろう装着すればある程度生きながらえることは可能でしょう。でも、回復の見込みがないのに医療技術で延命するのは不自然です。

できれば穏やかに、自然に近いかたちで死んでいきたい。家族のためにも自分のためにも、それが一番だと私は判断しています。

三つ目のお葬式については、まだ遺言のかたちで書いてはいませんが、子どもたちには

「お前たちに任せる。好きなようにやりなさい」と伝えてあります。

一度、娘の薦めもあって、娘の旦那の家の代々のお墓があるお寺を訪ねたのですが、住職にお墓を買いたいと伝えたら「無駄なお金は使わないほうがいい」といったことを言い含められました。

「墓苑には立派なお墓がたくさんあるが、連絡がとれない人が少なくない。管理費を払うのもお墓の手入れをするのもできればやりたくないという人が増えているのではないか」とのこと。現代のお墓事情はどこもこのようなものかもしれません。

というわけで、私はどこのお墓に入るかいまだ思案中ですが、子どもたちが供養しやすいやり方、場所を選んでくれればそれでいいと思っています。お墓は残された人のためのもの、残された者が供養に訪れるための場所だからです。

その意味で考えると、昨今よく聞かれる樹木葬や海への散骨(さんこつ)というのはどうなのでしょう。遠方に足を運ぶのはたいへんでしょうし、海に向かってお参りといってもどこに向かって祈ったらいいのか、遺族も戸惑ってしまうのではないでしょうか。

私はお墓もお葬式も、家族を中心に、シンプルに悼(いた)んでくれればそれで十分だと思っています。ただ一つ願うとすれば、お葬式の時に、大好きだったワイルドワンズの『想い出の渚』を流してほしい、ということでしょうか(笑)。

# 「人生の本番」は七十歳から始まる

「五十代は人生の折り返し地点である」と、私は本書の冒頭で申し上げました。

でも、別の見方をすれば、「五十代は人生のスタート地点」と言うこともできます。仕事の何たるかをまるでわからなかった二十代からの三十年余を「自立した人間になるまでの準備期間」と考えれば、五十代からが人生本番の幕開けと捉えることもできるからです。

思えば私の二十代はひどいものでした。上司から振られれば、自分の手に負えない仕事でもとにかく「当たって砕けて」いました。何しろ若い頃の私は考える前に動くタイプでしたから、任される仕事を片っ端から引き受けては失敗、また失敗の連続だったのです。

当時、四つ上にTさんという先輩がいて、この人からは毎日のようにボロクソに叱られていたのですが、悔しいことに彼は社内でもずば抜けて仕事のできる人だったので、何も言い返すことができませんでした。

何しろTさんは、どの事業部にどれだけのものを出すかを決める生産計画を握っていました。入社四年目にして「T天皇」の異名を取り、年上の部長や課長までもがTさんのもとに頭を下げに行っていたのです。

「それほど自分と年も違わないのにすごい人がいるもんだなあ」と、失敗続きだった私は彼の仕事ぶりに憧れの気持ちを抱いたものでした。

でも私の場合、その「失敗続き」のおかげで、成果を出すためのスキルを人より早く、確実に身に付けることができたのです。私が掲げている「計画主義・重点主義」の「すぐ走り出してはいけない。優先順位をつける」という言葉は、すぐに走り出してしまう私だったからこそ体得できたわけです。

こうして、がむしゃらだけが取り柄のような二十代を経て、三十代では戦略的に仕事を進める術を身に付け、四十代で部下を育てる管理職になった時、ようやく「どうやるか」ではなく「どうあるべきか」ということを考えられるようになりました。

たんに「仕事ができる人」ではなく「人としても尊敬される人」にならなければ意味がない。「なぜか説得力がある」独特の存在感をもたなければ、本当のビジネスマンとはいえないということを理解するに至ったのです。

そしてとうとう五十代になり、悪戦苦闘の末役員の職務に就いた時、何十年ぶりかで再会した天皇Tさんが、心底驚いた顔をしてこう言いました。

「君が役員になったのか！　あのボンクラが」

「Tさん、良い習慣は才能を超えるんですよ！」

上司をたじろがせる才能がなくても、失敗だらけの凡才でも、「一歩先の行動」をコツコツ積み重ねれば、天皇を超えることだってできる。これもまた、私が五十代までに得た貴重な成果の一つなのです。

このような経験の蓄積は、私だけにしかできない特別なものではありません。五十代になるまでの三十数年間に、誰もがいろいろな知識や技能を身に付け、貴重なものをたくさん獲得してきたはずです。

この宝のような経験を生かさないまま、リタイアしてしまうのはあまりにもったいないことです。すでにリタイアした同世代の知人の多くは「仕事を辞めたらやることがなくなってしまった」とぼやいていますが、会社のリタイア＝人生のリタイアになってしまっては、まったくもったいないことです。

定年を迎えるということは、会社に拘束されていた時間をすべて自分の自由に使えるようになるということです。この膨大（ぼうだい）な時間と自分が培ってきたことを生かせば、やれることはいくらだってあるはずです。

お金のために働くのではなく、自分を磨くために、人としてさらに成長するために、縦横無尽に何かに打ち込んでみる。五十代からは、そんな定年を視野に入れた人生設計を立ててほしいと思うのです。

日本地図を作った伊能忠敬（いのうただたか）は、もともと酒造や米穀を扱う商人でしたが、四十九歳で隠居した後五十代で暦学や天文を学び、測量士への道を歩み始めたと言います。リタイア後にスタートさせた仕事が、日本の歴史的偉業につながったのです。

また、かの浮世絵師・葛飾北斎（かつしかほくさい）にいたっては、「波の画」や「赤富士」に代表される名画・富嶽三十六景を何と七十代や八十代の時に描いています。そして九十で亡くなる前にこんなことを言ったそうです。

「天我をして五年の命を保たしめば、真正の画工となるを得べし」

私にあと五年の命があれば、私は本物の絵描きになれたのに、というのです。すでに歴史的な画業を修めながら、それでもまだなお鍛錬（たんれん）し続けようというこの心意気、執念。人はいくつになっても成長できるということを、忠敬や北斎は教えてくれているのではないでしょうか。やはり人生の本番は五十代から、否、七十代から幕を開けるのです。

## ☑ 第4章のまとめ

- □ 八十歳になっても、元気なら働き続ける。
- □ 「お金を稼ぐ場」よりも、「自己実現できる場」を見出す。
- □ お金や名声ではなく、「誰かのため」を意識して働く。
- □ 人生五十歳を過ぎても、品よく恋愛を楽しむ。
- □ 若者の新しい文化を「世代が違う」と毛嫌いしない。
- □ せめて身近な人には本気で関わる。
- □ 五年、十年も先のことより、目の前のことに集中する。
- □ 本から得た知識を批判し、実践に落とし込む。
- □ 人智を超えたものに触れ、圧倒されて、謙虚(けんきょ)な心を養う。
- □ 残された人が供養しやすいか、を考えて葬式と墓を選ぶ。
- □ 五十年の膨大(ぼうだい)な時間で培ったことを生かす。

## おわりに

# あなたの「忘れ物」を取りに行こう

あれは確か、私が東レを離れて数年経った頃でしょうか。

私がかつて仕えていた会長（その前は社長）から、「美味いワインが手に入ったから飲みに来ないか」と誘いを受けました。お前のためにとってあるから、今日ぜひ来てほしいと言うのです。

あまり気乗りはしませんでしたが、それまでも何度か誘いを受けては断っていたので、まあいい機会かなと思って出かけてみることにしました。

しかしいざ会いに行ってみると、雑談ばかりでこれといった話はありません。私の講演を聞きに行った人がすごく面白かったと褒めていたとか、このワインはウン十万もするんだとかそんな話ばかり。しかも、現社長をわざわざ呼び出して、用事もないのに同席させ、彼には一切しゃべらせないのです。

まあ、この人の流儀だから仕方がないなと話を合わせていました。ある程度、時間も経って遅くなったところで「それでは失礼します」と挨拶をして退席し、同席していた女性とともにエレベーターへ向かいました。

すると、会長が一緒にエレベーターのところまでついてきて、こう言いました。

「佐々木君、身体には気をつけろよ。大事な身体なんだから」

「ご丁寧にわざわざ見送りなんて」と訝りながら、改めて会長に別れを告げてエレベーターに乗ると、同乗した女性がそっと私に耳打ちしました。

「会長が社員の誰かをエレベーターまで見送るなんて、これまで滅多になかったですよ。今日はよほど特別なんですね」

そしてこう続けました。

「要するに、手打ち式ですね。謝りたかったんじゃないですか。佐々木さんに」

手打ち式とは、過去のことは水に流して仲直りしようという儀式。つまり今回、会長が私を呼びつけたのは、かつて私を取締役から外し子会社に飛ばしたことに対して、詫びを入れたかったのではということ。

私は取締役になってからも、「東レを活気あふれる強い会社にする」というミッションを持っていました。だから、上が判断したことでも「会社のためにならない」「このままでは業績が悪くなる」と思えば、躊躇せず進言していました。会長に向かって「会長、お言葉ですが……」と苦言を呈したことも一度や二度ではなかったのです。

私としては、会社のためによかれと思ってとった行動でしたが、残念ながら上にとっては迷惑な話でしかなかったのでしょう。結果的に、私は取締役を外されてしまったのです。

でも、私はこのことで会社を恨んだりはしていません。大きなショックを受けたことは確かですが、組織に所属していれば、そういうことも起こらないとは限りません。腹を立ててもどうしようもないのです。

ただ、不本意な気持ちがくすぶっていたのも事実です。「不本意なビジネスマン人生だった」というこの無念を、何かのかたちで晴らしたい。このままでは死んでも死にきれない。出版の話を持ちかけられたのは、そんな気持ちを募らせていた時でした。ふと私の頭のなかに、こんな考えがよぎったのです。

「そうだ。自分の思いを本にして出そう。東レに置いてきた忘れ物を取りに行こう。本に書くことで、忘れ物を取りに行くんだ」

〝忘れ物〟が何なのか、一言で言い表すのは難しいかもしれません。強いて言うなら、二十代で入社して以来、三十数年の歳月をかけて私が東レで積み上げてきた大切な何か。叶えられずに終わった私の理想といったところでしょうか。

私は、本を書くことで〝忘れ物〟を取り戻し、〝忘れ物〟を取り戻すことでビジネスマン人生に決着を付け、挫折を味わった「あの時」のリベンジを果たそうと思ったのです。会長からの「手打ち式」は、私のリベンジに対する一つの答えとなりましたが、彼自身もまた後ろめたい荷物を一つ下ろしたかったのかもしれません。いずれにしても、これで恨みっこなし（笑）。これで私は心置きなく、古巣の東レにさよならすることができたと感じたのです。

本書でも述べたように、五十代は、仕事、家族ともにさまざまな問題が勃発する悩ましい年代ですが、その一方で、これまでの経験を生かして、しなやかに、自分らしさを存分に発揮できる充実した年代でもあります。人間的な深みが増し、落ち着きが出て、四十代にはなかった余裕も生まれてきます。

でも、だからといって「リタイア」に向かうにはまだまだ早い。やり残したことや思い残していることもきっとあるはずです。私のように取り戻したい〝忘れ物〟がないかどうか、〝忘れ物〟を取り戻すには何をすればいいのか、四十代までの自分自身と向き合って、真剣に考えてみてはどうでしょうか。

人間は何歳からでも成長できます。自分の強みや得意技を生かし、働き手としての矜持と覚悟を持って行動を起こせば、必ず結果はついてくるはずです。

人生の折り返し地点である五十代をチャンスに変えて、しなやかに、朗らかに、みなさんらしい「リベンジ」を果たしてほしいと思います。

なお、本書の刊行に際しては、ライターの藤原千尋さんに大変お世話になりました。心から感謝いたします。

佐々木常夫

【著者紹介】

佐々木常夫（ささき つねお）

1944年、秋田市生まれ。株式会社佐々木常夫マネージメント・リサーチ代表取締役。69年、東京大学経済学部卒業後、東レ株式会社に入社。

家庭では自閉症の長男と肝臓病とうつ病を患う妻を抱えながら会社の仕事でも大きな成果を出し、2001年、東レの取締役に就任。03年に東レ経営研究所社長になる。内閣府の男女共同参画会議議員、大阪大学客員教授などの公職も歴任。「ワーク・ライフ・バランス」のシンボル的存在である。

主な著書に、『ビッグツリー』、『部下を定時に帰す仕事術』、『そうか、君は課長になったのか。』、『働く君に贈る25の言葉』（以上、WAVE 出版）などがある。
●オフィシャルWEBサイト　http://sasakitsuneo.jp/

執筆協力　藤原千尋
装丁デザイン　大場君人
本文デザイン・DTP　尾本卓弥（リベラル社）
編集　山田吉之（リベラル社）
編集人　伊藤光恵（リベラル社）
営業　津村卓（リベラル社）
制作・営業コーディネーター　仲野進（リベラル社）

編集部　近藤碧・安田卓馬・鈴木ひろみ
営業部　津田滋春・澤順二・廣田修・青木ちはる・竹本健志・春日井ゆき恵・持丸孝・榊原和雄

※本書は2015年に海竜社より発刊された『50歳からの生き方』の増補改訂版です。

# 50歳からの幸福論

2021年12月28日　初版

著　者　佐々木常夫
発行者　隅田直樹
発行所　株式会社 リベラル社
〒460-0008 名古屋市中区栄3-7-9 新鏡栄ビル8F
TEL 052-261-9101　FAX 052-261-9134
http://liberalsya.com
発　売　株式会社　星雲社（共同出版社・流通責任出版社）
〒112-0005 東京都文京区水道1-3-30
TEL 03-3868-3275
印刷・製本　中央精版印刷　株式会社


ISBN978-4-434-29713-7　C0095